Manual de Prácticas Clínicas
para Profesionales de la Salud Mental

Luis Figueredo

Editorial

90daysoulmate.com, LLC.

New Jersey, USA

FLORIDA CHRISTIAN
UNIVERSITY

Presentación

Este libro representa una amplia investigación científica, como resultado de los estudios doctorales desarrollados en la Florida Christian University, Orlando, Florida, U.S.A.

Fundada en 1985, la Florida Christian University es una institución de alcance global de enseñanza superior para estudiantes que procuran integrar sus estudios profesionales con fundamentos y ética cristiana. El objetivo de esta institución es ofrecer programas de alta calidad de enseñanza superior para promover el conocimiento académico, además de contribuir al desarrollo profesional y personal de cada uno de los estudiantes.

La Florida Christian University ha sido reconocida con una certificación de oro (más alto nivel), por el Florida Council of Private Colleges, Inc. (FCPC) y por el Council of Private Colleges of America, Inc (CPCA); agencias que representan facultades, universidades y sus respectivos miembros ante el gobierno y agencias educacionales americanas.

International Headquarters
5950 Lakehurst Drive • Orlando, Florida 32819-8343 • USA
Tel: 1-407-896-0101 • Fax: 1-407-896-4477 • e-Mail: fcu@fcuonline.com
www.FloridaChristianUniversity.edu

II Thessalonians 1:11: "Wherefore also we pray always for you, that our God would count you worthy of his calling and fulfill all the good pleasure of his goodness, and the work of faith with power." (KJV)

Diseño de la Cubierta:

www.90daybook.com

1ra Edición: U.S.A (2013)

ISBN: 978-0-9848000-6-3

Editorial:

90daysoulmate.com, LLC

CONTENIDO

DEDICATORIA

A la persona del Espíritu Santo quien es la única razón de mi existencia.

A mis padres, Luis y Marina por ser mis modelos de Fe.

A mi esposa Lidia Cotes Figueredo, su ejemplo y su caminar han sido y siguen siendo mi fuerza.

A mi hermano Dr.Rafael Figueredo por ser mi mejor amigo.

A mi cuñada Dr.Teresita Parra por su amor y apoyo incondicional.

A Familiares y amigos y demás colaboradores.

El Autor

PREFACIO

Este libro lo prepare con la intención de ayudar al lector profesional del área de la salud mental para reforzar las áreas de algunas prácticas terapéuticas del trabajo cotidiano que utilizamos sin darnos cuenta de la cantidad de conocimiento científico que esta detrás de cada una de esas prácticas.

Este documento representa para mi el cúmulo de información, conocimiento y experiencia adquirida a través de muchos años de trabajar en el área de la Salud Mental, buscando la excelencia y el desarrollo exitoso de nuestro mundo psicológico.

Capítulo I

TERAPIA CONDUCTUAL O DEL COMPORTAMIENTO

Capítulo I: TERAPIA CONDUCTUAL O DEL COMPORTAMIENTO

La resolución de trastornos de origen psicológico en las personas, es desde hace más de un siglo, uno de los objetivos de múltiples disciplinas relacionadas con el área de la salud. Desde el siglo XIX ya era evidente la curiosidad de una gran cantidad de filósofos, fisiólogos, médicos y matemáticos por encontrar las respuestas más entrañables en el campo de la conciencia humana.

Los primeros pasos empezaron a darse al comenzar a definir a la psicología como ciencia, lo cual trajo consigo el desarrollo de las primeras teorías sobre el funcionamiento del aparato psíquico, la conducta humana y, la investigación y formulación de las primeras teorías sobre el trabajo de la mente y sus procesos cognoscitivos (memoria, lenguaje, adaptación, etc.). Sin embargo, no fue hasta principios y mediados del siglo XX cuando se empezó a demostrar el interés formal por el estudio de los procesos mentales patológicos, tales como: las fobias, la depresión, las psicosis, entre muchas otras.

Una gran cantidad de terapias fueron desarrolladas durante estos años, sobre todo las que se basaban en un enfoque monismo, cuyas primeras conclusiones generales eran producto del empirismo producido por el trato con los pacientes dentro de las clínicas y centros de investigación y, se basaban en gran parte en la teoría del conductismo. Además, en estas décadas, los psicólogos y psiquiatras iniciaron la búsqueda de terapias que pudieran resolver problemas considerados como mentales en esa época mediante la modificación de la conducta humana, tales como: la homosexualidad, las fobias y algunos tipos de manías; tratando siempre de encontrar métodos didácticos para la evaluación y diagnóstico de los pacientes antes de ingresarlos en estos tratamientos, los cuales pudieran a la vez integrar las prácticas y experiencias de estos evaluadores para que pudieran servir de ayuda para los futuros profesionales en estas áreas. Desde esos entonces, hasta hoy en día, este tipo de procedimientos son conocidos como terapias conductuales, basadas principalmente en el cambio de la conducta de un individuo afectado, ante la manipulación de situaciones relacionadas con la patología a través de reforzadores positivos, negativos u otras estrategias, de manera que el paciente pueda superar su estado patológico y comenzar con una nueva conducta que le sea benéfica tanto funcional como emocionalmente hablando, tomando en cuenta que en estos en la mayoría de las ocasiones existe un desequilibrio mental que se manifiesta físicamente por reacciones autónomas producidas por el sistema nervioso en sus dos divisiones (simpático y parasimpático). Tan grande ha sido el avance, que hoy en día contamos con terapias tan avanzadas con capacidad de ayudar a niños, jóvenes y adultos, como son las famosas terapias de tercera generación.

Aspectos generales

Dentro de la psicología propiamente dicha, así como en la psiquiatría y otras ciencias relacionadas con el comportamiento; la terapia conductual es vista como el agregado de teorías y otros procesos, enfocados a promover un cambio de comportamiento ante un fenómeno mental patológico. Actualmente, todo esto resulta muy variado y dentro de este conjunto podemos encontrar desde procedimientos basados en el condicionamiento clásico, así como procedimientos que se fundamentan en las teorías del aprendizaje, como son los que incluyen las terapias de segunda generación, cuyo objetivo es principalmente cambiar las acciones tomadas por el individuo como consecuencia principalmente del proceso del pensamiento, que según se creen establecen el comportamiento ante un problema.

Por todo lo anterior la terapia conductual se puede definir como: un compendio de conocimientos teóricos y procedimientos aplicados, obtenidos de manera empírica a través de los últimos sesenta años con el empleo sistemático del método experimental dentro de diversas sesiones psicológicas que intentan explicar y tratar para lograr modificar, los patrones del comportamiento humano, especialmente ante trastornos psicológicos como las fobias, la depresión, las psicosis, etc. Este tipo de terapéuticas no farmacológicas para lograr una modificación de la conducta de un individuo, consisten de manera principal en el uso de ejercicios, estímulos reforzadores (positivos o negativos), choques eléctricos; así como en el estudio de todos los datos experimentales de las reacciones fisiológicas y psicológicas del paciente con el propósito de lograr un cambio d conducta por un periodo largo de tiempo.

Dentro del campo de la terapia conductual, podemos encontrarnos con diversos métodos y técnicas prácticas y debemos tener presentes algunos puntos primordiales para poder comprenderlas como:

- La terapia está enfocada mayoritariamente al cambio de una conducta que lastima o afecta a un individuo emocional, laboral o fisiológicamente.
- Tiene también como objetivo el tratar los procesos cognoscitivos y las emociones que se presentan ante el evento que desencadena la conducta patológica cuando esta se manifiesta.

Un ejemplo de lo anterior podría ser lograr que una mujer con miedo a conducir por que estuvo implicada en un accidente automovilístico pueda retomar el volante aplicando estímulos positivos para esto como: la retoma de clases de manejo en un campo totalmente desprovisto de tránsito, con un acompañante sumamente atractivo que de manera gradual sirvan como reforzadores positivos para que esta pueda retomar su habilidad para con el vehículo, de forma tal, que en un lapso variable de tiempo pueda comenzar a conducir en su barrio y posteriormente en la ciudad.

Evaluación, diagnóstico y tratamiento conductual.

Los terapeutas conductuales establecen una muy estrecha relación entre el diagnóstico, la evaluación y el tratamiento;

siendo los dos elementos primeros, la base sobre la cual se lleva a cabo la terapia del paciente. La evaluación no es en sí un proceso sencillo, esta debe ser minuciosa y con especial cuidado en ver que el paciente se sienta cómodo para acceder a ella, al menos sólo para aceptar el hecho de que es el primer paso de la terapia. Durante este tipo de procedimientos, el psicólogo o psiquiatra lleva registro de todo lo contado con el paciente, cabe destacar que dentro de la bitácora del terapeuta se debe comenzar con la investigación de:

- El problema principal que general una conducta patológica.
- La experiencia que ha desencadenado el trastorno; si el paciente la recuerda.
- La fecha de inicio de este
- El momento en que se empezó a volver crónico
- Si existe interferencia con sus actividades laborales, su vida sexual, sus periodos de sueño o con sus hábitos alimenticios; por mencionar algunos aspectos.
- Si el paciente ya ha tomado una terapia psicológica anteriormente

- El consumo de sustancias estimulantes o inhibidoras del sistema nervioso (café, refresco de cola, marihuana, tabaco, cocaína, etc.)
- La relación del paciente con sus familiares y pareja, además de preguntas sobre de qué modo el trastorno ha afectado su vida en familia.
- Su nivel de autoestima

Investigado todo esto, se debe proceder a realizar una bitácora un poco más enfocada al proceso de evolución del paciente en lo referente al cambio de conducta ante su trastorno, de manera que constantemente se esté realizando una evaluación de los resultados del mismo, que en nuestro ejemplo sería, el grado de tolerabilidad que presenta la mujer a manejar su automóvil, es decir, si ya tolera estar en el asiento del conductor, si tiene reacciones autonómicas (sudoración, salivación excesiva, respiración aumentada) al momento de tocar el volante o de echar a andar el carro.

Otros autores han estado de acuerdo en que el proceso de evaluación puede requerir guiarse en los siguientes enunciados:

1.- Analizar la situación problemática del paciente, para establecer el tipo de conductas que lleva a cabo el individuo.

2.- Clasificar la situación dada en alguno de los trastornos de la mente, tomando en cuenta los factores ambientales, tales como: condiciones estimulares del medio, que inician las conductas patológicas y las acciones que las refuerzan.

3.- Realización de un análisis motivacional, para identificar los estímulos, aversiones y los esfuerzos del individuo.

4.- Realización de un examen evolutivo, en el cual se podrán localizar los cambios sociales, biológicos, además de las conductas que han surgido durante la historia de la enfermedad del paciente.

5.- Reconocimiento sobre si el paciente posee un autocontrol para situaciones y conductas tolerables y controlables por el individuo.

La evaluación de la evolución del paciente hacia su cambio de conducta es indispensable en toda terapia conductista, no sólo trabajando con pacientes en individual, si no también cuando se manejan grupos, ya que es aquí donde se empiezan a desarrollar las nuevas teorías y conocimientos que dan pie a las terapias de nueva generación.

El diagnóstico

El proceso de evaluación ya realizado es el pilar clave para empezar a crear teorías acerca del verdadero trastorno que presenta el paciente. Muchas veces, los cuadros clínicos son tan precisos que es fácil reconocer que los miedos, los cambios autonómicos que presenta el paciente, así como un constante estado de alerta nos hablan de un trastorno de estrés postraumático. Por otro lado, también se pueden reconocer depresiones por la falta de concentración, los constantes sentimientos de culpa o de excesiva tristeza que se acompañan de pérdida o aumento del peso corporal e insomnio.

Existen muchos test que pueden ser utilizados para el diagnóstico de la enfermedad mental presente en el individuo, sin embargo, el terapeuta tiene que ser muy hábil para ver si deja el proceso de responder estos al paciente mismo o lo va realizando de una forma enmascarada.

También como recurso para la evaluación y el diagnóstico, se puede echar de mano la "observación de eventos privados", la cual se usa casi en exclusiva en situaciones en las que la respuesta del sujeto es considerada por el profesional como de orden extremadamente nuclear en relación con el problema o en casos de pacientes en los que la mera observación directa de estos no sea posible o no arroje resultados convincentes. En este caso el emplear el auto análisis del paciente, así como los comentarios de su pareja o demás familiares es una excelente herramienta y, en muchas otras situaciones el empleo de la evaluación de las respuestas fisiológicas del sujeto es otra gran ayuda para esto.

Principios y técnicas terapéuticas de la terapia conductual (TC)

El uso de método conductuales para el tratamiento de trastornos mentales, ha sido controversial, especialmente desde sus inicios hace ya más de cincuenta años. Esto, por el hecho de que puede ayudar a pacientes con trastornos en la regulación de los neurotransmisores cerebrales como la serotonina, sin la administración de ningún fármaco, pero por otro lado por la existencia de algunas terapias basadas en el uso de choques eléctricos, siendo estas probablemente las que más han dado de que hablar, sobre todo por sus variables resultados a través del tiempo.

Siempre, la terapia conductual se ha desarrollado tomando en cuenta al ambiente, las habilidades cognoscitivas que permiten el aprendizaje y los conocimientos que han arrojado más de cien años de investigación en lo referente a los procesos del pensamiento. Hoy en día se disponen muchos tipos de terapias conductuales, que en las últimas décadas han sido divididas en grupos generacionales, siendo las terapias de tercera generación las que han tomado un auge entre muchos profesionales de la mente a partir de los años ochenta.

En general todas estos procedimientos aplican medidas que van encaminados a manipular conductas dictadas por reglas, las conductas de aceptación, los comportamientos dictados por los pensamientos y los recuerdos, así como los modos de comportarse ante patologías físicas del individuo; por sólo mencionar algunas conductas del ser humano. Todas están basadas en datos experimentales en donde se encontró beneficio durante un lapso de tiempo considerado como aceptable, así como en las recomendaciones dadas por los desarrolladores de las mismas, tomando siempre en cuenta los límites éticos que se deben tener al momento de aplicarlas en grupos de enfermos o en un paciente individual.

Algunos de las terapias más conocidas son las siguientes:

- Terapia de reforzamiento positivo
- Terapia de reforzamiento negativo
- Terapia implosiva
- Condicionamiento encubierto
- Modelado
- Terapia de economía de fichas
- La técnica del bio feedback

Terapias de reforzamiento positivo y negativo:

Las técnicas por reforzamiento positivo se basan principalmente en la probabilidad alta de ocurrencia de un hecho a partir de cierto comportamiento. Es decir, mientras el hecho pase, el individuo tomara en el 99.9% de los casos la misma conducta. Existen ejemplos positivos de esto, es decir, un hombre tiene relaciones con una mujer porque le produce liberación se neurotransmisores en su cerebro que le hacen sentir el placer sexual, por consiguiente volverá a realizar el acto en días o meses posteriores con una doble función, sentir el placer y procurar que sus espermatozoides logren fecundar un ovulo dado y así asegurar la continuidad de su familia.

Esta técnica es muy utilizada en niños hospitalizados por anorexia por desnutrición o algún proceso neoplásico, sobre todo cuando se busca que su masa corporal logre subir para el uso de terapéuticas específicas, en este caso, se estimula la entrada de alimentos a la boca a través utensilios de cocina con formas de sus personajes animados preferidos, así como de la compañía de sus padres para que de esta forma lo que se refuerce sea el aumento de peso, independientemente del apetito del mismo, con estímulos similares, el niño querrá comer no sólo por hambre, sino por el deseo de ver a sus dibujos animados. Por otro lado, Se considera el reforzamiento negativo como aquel formador que una vez que se ha eliminado su presencia, aumenta la posibilidad de ocurrencia de determinada conducta (que anteriormente estaba inhibida o bloqueada por este).

Terapia implosiva

La terapia implosiva, es sin duda, una de las mejores técnicas para lograr la recuperación de pacientes que sufren de estados agudos severos de ansiedad, en donde la manera de controlarla es mediante la evitación de situaciones que les lleguen a causar más ataques agudos de esta o incluso un verdadero ataque de pánico. Durante este tipo de terapias clásicamente se le pide al paciente que comience a hablar de todos los sentimientos que expresa ante la situación que desea evitar, de forma tal que pueda llegar a un punto en el cual pueda sufrir de pequeños momentos de ansiedad que poco a poco pueda tolerar al final de la terapia. Muchos pacientes, al inicio de la sesión pueden experimentar verdaderos ataques de pánico, que al final de la misma pueden desaparecer por completo, con esto se logra de manera gradual que el paciente pueda comenzar a visualizar la idea de enfrentar una situación dada de una manera más madura. El éxito teórico de este método se cree que se debe principalmente a la falta de consecuencias adversas al corto tiempo y a la presencia de un estímulo positivo (la idea de poder enfrentar la situación sin miedo).

Condicionamiento Encubierto

La imaginación es la principal herramienta dentro de las técnicas de condicionamiento encubierto. Dentro de estas el reforzamiento negativo es tomado como aquel formador que una vez que se ha eliminado su presencia, aumenta la posibilidad de ocurrencia de determinada conducta (que anteriormente estaba inhibida o bloqueada por este), es decir, mediante la visualización constante de una situación agradable que se asocia con un evento desagradable y con una reacción corporal poco grata como el vómito, se puede empezar con la erradicación de una conducta. Este tipo de terapias requieren constantes ejercicios de visualización, en muchos casos al menos unos 20.

Modelamiento

El modelamiento es una de las terapias de modificación de la conducta, basadas principalmente en la capacidad de un individuo en el aprendizaje por experiencia. Durante una terapia de este tipo, se le presentan al individuo escenas del comportamiento de otro individuo o de un grupo de personas ante un evento con la finalidad de que este pueda modificar su conducta sin tener que realizar las acciones el mismo. Esta terapia se usa de manera común en el tratamiento del temor, los trastornos obsesivos compulsivos el aislamiento social, entre muchos otros más. Las principales variantes de esta técnica incluyen al:

- Modelado encubierto

- Modelado participativo

Dentro de la primera modalidad el sujeto debe de imaginar la conducta del sujeto modelo guiado a través del psicoterapeuta, con la finalidad de modificar la conducta. Por otra parte la segunda modalidad el paciente observa la conducta y el fenómeno y aparte reproduce la conducta modelada en la misma sesión de entrenamiento.

Economía de fichas

Uno de los sistemas más exitosos tanto en el campo laboral, el clínico y hasta en el comercial es la terapia de economía de fichas. Dicha técnica se basa en el deseo de un objetivo que trae consecuencias positivas al individuo, este claramente es un reforzamiento positivo, que se selecciona de una manera selectiva y sistemática. Es especialmente útil en niños, amas de casa y trabajadores. Un ejemplo clásico de esto es lograr que los niños tomen una conducta responsable para realizar sus tareas y aumentar sus calificaciones en el colegio, esto, asignándoseles un sistema de puntos por cada tarea, los cuales pueden cambiar inmediatamente llegados a una cierta cantidad por un beneficio (un dulce, juguete, una salida al cine), por otro lado, en los trabajadores, el sistema de economía de fichas suele utilizarse para lograr que los mismos tengan puntualidad en sus horarios de trabajo, en donde por cierta cantidad de días llegados a la hora, se les entrega una gratificación económica por el esfuerzo puesta y la conducta cambiada.

Biofeedback

La técnica del Biofeedback usa un poco la capacidad de sugestión por parte del paciente, esta se basa en proporcionar información al individuo sobre un proceso psicofisiológico (el aumento del ritmo cardiaco) que se produce en su organismo ante un determinado suceso. Esta información le permite al sujeto seguir continuamente estos cambios y controlar su conducta, es decir, poder llegar a tener una cierta tolerancia ante el fenómeno que le ocasiona conflicto.

Técnicas de auto-control

Las técnicas de autocontrol se basan principalmente en el concepto de fuerza de voluntad, aquí, se deja por entendido que el propio sujeto puede usar conductas controladoras sobre sí mismo y sobre su ambiente, que actúan como un reforzador positivo parar lograr el auto-control. Entre las técnicas de auto-control más realizadas tenemos la siguiente:

a) Control de estímulos: la mayoría del déficit y excesos conductuales están relacionados con el control de estímulos. En este tipo de terapias se utiliza un artículo, video o noticia que los pacientes deben ver constantemente, el cual le indica cómo actuar ante una situación, este es el estímulo, de esta forma se puede controlar la conducta a través de dar un estímulo por un determinado tiempo.

b) En la Auto-observación: se ha demostrado que una persona puede ejercer determinado control sobre su comportamiento, por el sólo hecho de observar su conducta durante los episodios de su conducta habitual, mediante el monitoreo de sí mismo, es útil en casos de sobrepeso.

c) En el Auto-refuerzo y auto-castigador: el suministrarse uno mismo consecuencias reforzantes o punititivas, constituye otra de las técnicas habituales de auto-control. En este caso se trata de que el sujeto aprenda a auto-administrarse el refuerzo o el castigo en las situaciones en que desees reforzar o librarse de determinada conducta.

Capítulo II

TERAPIA COGNITIVA

Capítulo II: TERAPIA COGNITIVA

Los procesos mentales superiores son en gran parte algo que define a los seres humanos y, nos hace distinguirnos como especie diferente, en comparación con todos los demás organismos que se encuentran en la tierra. De todos estos, el grupo que constituye a la cognición colecta a procesos mentales relacionados con el conocimiento, como son: la memoria, el razonamiento lógico, la formación de conceptos, el aprendizaje y la percepción. Los procesos cognitivos determinan en gran parte el comportamiento de los seres humanos ante las diversas situaciones de la vida, incluido la forma de tomar acciones cuando se padecen enfermedades mentales. La psicología cognitiva, es una rama del gran árbol de las ciencias que estudian a la mente y su objetivo está enfocado principalmente a los mecanismos por los cuales el encéfalo crea el conocimiento, además de la formulación de como este conocimiento interviene en las funciones mentales superiores, las emociones, la salud mental y otros aspectos del individuo.

Esta disciplina, sin duda, tuvo su auge más esplendoroso en la década de los sesentas, sin embargo, sus raíces nacen muchas décadas antes, gracias al desarrollo de la psicología experimental y los estudios en psicología evolutiva. Dentro de los estudios experimentalistas, uno de los científico que más contribuyó a la aparición de teorías que permitieran en décadas posteriores la existencia de las terapias cognitivas, fue el inglés F.C. Bartlett, el cual fabricó una de las más completas teorías constructivistas de la memoria dentro de su obra "Recordando", que hasta después de casi cuarenta años fue retomada para el establecimiento de las teorías de los esquemas cognitivos actuales. Su investigación proponía que el concepto de memoria como "depósito" era erróneo y en su lugar lo proponía como "construcción", es decir, la memoria hacia uso de esquemas preparados con anterioridad para observar y hacer una clasificación de la información, englobándose todo esto en una reinterpretación.

Por el lado de la psicología evolutiva, la contribución más importante al crecimiento de las teorías de la cognición es generalmente atribuida a J.Piaget, cuyos estudios estuvieron centralizados casi durante toda su vida en el estudio del desarrollo cognitivo del ser humano, en especial a la inteligencia y al pensamiento. Su trabajo trata de dar a entender a la comunidad científica de su época, que el proceso de desarrollo del pensamiento y la inteligencia comienza partiendo de esquemas denominados "esquemas sensomotrices", los cuales, ligan el pensamiento con las acciones directas, de manera que posteriormente se van formando nuevos "esquemas formales", con los cuales, se logran abstracciones casi o completamente sin conexión con las experiencias inmediatas.

A pesar de las investigaciones realizadas en el campo de la cognición, no es sino la terapia cognitiva el logro más grande de la psicología de este campo. Esta comenzó en la década de los cincuentas con las investigaciones de Aaron Beck un psiquiatra que se especializada en psicoanálisis tratando de validas la utilidad de este sobre la depresión, buscando como meta proporcionar al paciente una mejoría. Durante su trabajo con pacientes enfermos de depresión, comenzó a notar que estos experimentaban una invasión de sus mentes por pensamientos negativos de manera espontánea, a este tipo de cogniciones les denomino con ese mismo nombre "pensamientos negativos" y comenzó a clasificarlos dentro de tres grupos: las cogniciones que hacían referencia al futuro, los pensamientos que evocaban ideas sobre sí mismos y aquellas cogniciones que traían a la mente procesos mentales relacionados con el mundo. Gracias a la evaluación de los pensamientos de sus pacientes, el comenzó a desarrollar una terapia por la cual ellos mismos pudieran analizar y calificar estos pensamientos, de manera que haciendo esto, sus pacientes comenzaban a mejorar notablemente teniendo una funcionalidad como seres humanos más cercana a lo normal.

La terapia cognitiva, hablando de manera más seria, es una colección de técnicas centradas en cogniciones que pueden ser verbales o en imágenes, con la finalidad de modificar las emociones y las conductas que los pacientes manifiestan ante estas, además de la conducta que pueden regular por ellos mismos. Dentro de las técnicas más importantes de este tipo de terapias psicológicas se encuentran: el entrenamiento auto-instruccional, la reestructuración cognitiva, la resolución de problemas y la detención del pensamiento; por mencionar algunas.

Aspectos Fundamentales

Dentro de las terapéuticas psicológicas, la corriente que se conoce como terapia cognitiva, aparece debido al hecho de que existían grandes insatisfacciones ante la aplicación de los métodos conductistas radicales dentro de los campos clínicos y experimentales. Dentro de las terapias cognitivas, se pueden encontrar categorías que agrupan a todas las técnicas y métodos conocidos para generar una recuperación dentro de los pacientes dentro de los campos clínicos principalmente (públicos o privados), las cuales son:

Grupo de las psicoterapias racionales: Este tipo de técnicas permiten tener al terapeuta objetividad al papel de los elementos racionales con lo cual su resultado plantea un acercamiento bastante elevado a la regulación del comportamiento del individuo, planteando la posibilidad de modificar la conducta del paciente por medio de la implantación de pensamientos racionales con pautas diferentes a las que el mismo se había establecido, sirviéndole estas como una opción a sus pensamientos irracionales que le causan problemas

Terapias para la adquisición de habilidades de enfrentamiento (coping): Dentro de esta categoría se incluyen todas las técnicas que se enfocan en los modelos ansiedad- evitación, tienen en sí el propósito de ayudar al paciente a desarrollar la capacidad de poder enfrentar de una manera inicialmente tolerante las situaciones, hechos y fenómenos que le lleguen a ocasionar en cierto momento ataques o situaciones de mucha ansiedad, esto, a partir de la estimulación de sus habilidades emocionales. Son muchos los procedimientos conocidos que se encuentran dentro de esta categoría, sin embargo para ser más concretos, algunas de las terapias más exitosas hasta estos tiempos han sido: la inoculación del estrés y la de sensibilización modificada.

Grupo de las terapias enfocadas a la solución de problemas: Esta categoría engloba teorías y prácticas muy interesantes tanto para el psicólogo, como para el paciente. Las técnicas utilizadas se basan en ayudar al individuo a poder conceptualizar a las cogniciones como un elemento de suma importancia una vez que llega el momento en que este tenga que tomar alguna decisión, además de que también se enfoca en ayudar mediante todo lo anterior al enfermo a resolver problemas de una manera más inteligente y madura.

Sin duda, estas tres categorías han sido de gran utilidad a lo largo de las últimas décadas tanto para docentes universitarios, estudiantes, psicólogos y psiquiatras en plena práctica clínica, así como para aquellos profesionales encargados de los estudios clínicos relacionados con la aplicación de todas estas terapéuticas.

Terapia Racional Emotiva (TRE)

La terapia racional emotiva es una de las técnicas más exitosas dentro de la psicología y la psiquiatría para lograr llegar en muchos casos a un cambio exitoso en la conducta de una persona ante diversas situaciones que le provocan serios problemas emocionales. Dicha técnica está basada principalmente en el hecho de que las cogniciones son las causantes de un valor dado a una cierta situación de la vida de un ser humano y por consiguiente a una conducta a seguir después de esta situación.

El exponente más notable en el desarrollo de esta terapia, sin lugar a interrogantes, fue el psicólogo clínico A. Ellis, quién comenzó a hacer uso de ella en sus pacientes con neurosis. De hecho, el desarrollo de esta técnica fue consecuencia de su inconformidad con los resultados obtenidos de sus trabajos con el psicoanálisis según la teoría de Karen Horney, que en sus múltiples estimaciones le generaban tasas bajas de recuperación o mejoría dentro de sus pacientes, además de que consideraba que era una terapia muy pobre por el hecho de que el psicoanalista y el individuo tratante se desarrollaban de una manera muy pasiva a lo largo de la misma, lo que provocaba que las mejorías en estos fueran resultado de un tiempo excesivamente largo en lo que refiere a sesiones. En el momento en que modifico sus metodologías enfocándolas un poco a los métodos neofreudianos y, al hacer las mediciones estadísticas correspondientes notó que la mejoría y tiempo de recuperación de sus enfermos eran hasta más de un sesenta por ciento superiores a sus métodos psicoanalíticos anteriores.

La terapia racional emotiva, propone la existencia de una relación bidireccional o de causa–consecuencia entre lo siguiente: las cogniciones que un ser humano ha desarrollado a lo largo de su vida, los efectos de estas sobre los hechos y la conducta tomada por el paciente ante una situación o evento en específico. Esta proposición, por lo tanto, reconoce como real, el hecho de que las emociones tienen efecto sobre las acciones realizadas, pero establece también de manera especial el juego de los procesos mentales superiores en este proceso, es decir, todo el conjunto de: pensamientos, imágenes mentales y estructura de creencias. Proponiendo una explicación general bajo el siguiente esquema, conocido como el diseño del ABC:

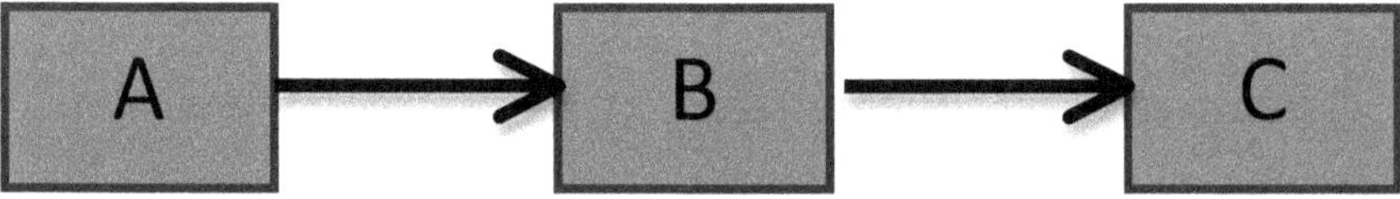

- A: Todos los acontecimientos activadores de las reacciones
- B: Estructura de creencias y pensamientos referentes hacia A
- C: Reacciones de conducta y reacciones emocionales

El esquema anterior claramente nos deja ver que el cambio ante todas las posibles reacciones perturbadoras a nivel emocional hacia los hechos y situaciones que nos suceden, es principalmente el objetivo central de la TRE. Para esto, el terapeuta necesita comenzar a adoctrinar al paciente para que este comience a reemplazar todos los pensamientos que esta técnica denomina como irracionales por aquellos que sean a la vez más tolerables adecuados (racionales). De manera tal que durante el desarrollo de cada sesión los pacientes comienzan a ayudarse a ellos mismos en sus propios trastornos psicológicos, así como en síntomas acompañantes de estos, todo por cambiar la forma de mirar los diversos sucesos de su vida. Esta técnica además, logra un cambio completo de la filosofía de su vida principalmente por:

- Lograr hacer conciencia dentro del paciente de que es responsable en gran manera de la creación de sus problemas emocionales y de su propio trastorno psicológico.
- Hacerle aceptar que tiene la posibilidad de controlar su enfermedad mental.
- Darle la oportunidad de comenzar a reconocer que los problemas de índole emocional tienen un origen en el sistema de creencias irracionales que él tiene.
- Lograr que desarrolle la habilidad de comenzar a identificar sus propias ideas irracionales, además de las consecuencias de estas sobre sus emociones y la afectividad para con el mismo y con los demás; sin mencionar también las consecuencias en lo referente a su comportamiento.
- Permitirle comenzar a aprender sobre cómo encarar las creencias erróneas y calificar las reacciones de la confrontación.

- Hacer que el paciente logre aceptar que si espera tener un cambio, debe trabajar mucho en el control de sus perturbaciones emocionales y en su comportamiento por medio de la eliminación de sus creencias y sentimientos disfuncionales a través de esta terapia.

Creencias Irracionales

Hasta este momento habíamos hablado de las ventajas y beneficios que proporciona el tomar una terapia racional emotiva, notando el hecho de como nuestras cogniciones propician nuestras acciones, sin embargo, no hemos hecho notar ¿Qué es en sí una idea errónea?, bien, comenzaremos por definir que las creencias o ideas irracionales son aquellas que no permiten que el paciente vivir de una manera satisfactoria, generándole conflictos que le perturban, ante diversas situaciones. Las creencias irracionales que han sido identificadas en múltiples prácticas clínicas desde los primeros comienzos de la creación de esta terapia demuestran las consecuencias de las acciones de las personas significativas de un niño sobre el este; de las fantasías que el paciente se crea; además de la acción de la propia discusión y autosugestión de uno mismo.

La terapia de Albert. Ellis daba como explicación que en las personas con trastornos debidos a ideas erróneas, estas podrían haberse creado por algún acontecimiento no grato durante la vida de ellos y, que generalmente parten del desarrollo de una frase absolutista o demandante que les comienza a ocasionar sentimientos adversos porque empiezan a creer que son reales sin lógica alguna, estas frases llegan a convertirse absolutamente dentro de su mente en verdaderas ideas acerca de la forma de ver la vida ante diversas circunstancias, hechos o relaciones con los demás. No es de extrañarse el por qué cuando una persona tiene su primer fracaso amoroso pueda desarrollar una depresión y una incapacidad a largo plazo para encontrar una pareja, debido al hecho de que en su mente piensa que no cumple con las expectativas del ser amado, o el por qué las chicas con trastornos alimenticios como la anorexia y la bulimia no logran llenar sus expectativas de la figura ideal o tal vez también el hecho de que muchos inmigrantes se sientan en desventaja a la hora de buscar empleo cuando su color de piel, acento, creencias u orientación sexual son diferentes a las ideas establecidas como normales dentro de la población del país donde actualmente están viviendo y, que todo esto genera grandes sentimientos de ira, tristeza, impotencia que a la larga produzcan alguna enfermedad mental como la depresión. A continuación se hará la presentación de algunas de las frases más comunes que suelen causar conflictos emocionales en muchos pacientes:

- "Es de vital importancia ser querido y aprobado por las personas significativas de mi vida.
- "Tengo que ser competente en todos los aspectos de mi vida, para lograr que los otros me consideren una persona de valor.
- "Ciertas gentes son perversas, ruines y malas, por ello tienen que ser castigadas severamente, además de ser penalizadas"
- "Es verdaderamente espantoso que las cosa no se den tan bien como deseo que salgan"
- "La infelicidad es ocasionada por causas externas y no tengo control para controlar mis acciones perturbadoras"

- “Debo evitar en toda forma posible, todas aquellas situaciones que me puedan preocupar o traerme conflictos a cualquier precio”
- “No debo de afrontar mis responsabilidades o dificultades, es más sencillo evitarlas”
- “Tengo que depender de otros siempre y tener a alguien más fuerte que yo en quien recaiga mi confianza”
- “Es casi imposible librarme de la influencia que el pasado tiene sobre mí, de todas los eventos y experiencias que viví y, estos, son los que determinan mi conducta”
- “Debo preocuparme por los trastornos y problemas de otras personas antes que los míos”
- “Existe una solución especial y sin igual para cada problemática, seguramente esta es la que debo de controlar porque si no fracasaré”

Con base en todas estas frases, de manera habitual es más práctico dentro de la clínica, agrupar todos estos en estilos de pensamientos de la siguiente forma:

- Frases del estilo "deber" o "tener", el paciente siempre se hace uso de estas palabras en sus ideas erróneas.
- Estilo catastrófico, el paciente siempre construye catástrofes cuando algo no le sale bien.
- Estilo incapacitante, el sujeto siempre piensa "yo no puedo" y lo convierte a la vez en su forma de auto disculpa.
- Estilo condenante- insultativo, el paciente siempre califica a las personas como tontas, incapaces, pusilánimes, etc.

Con base en el comienzo de una terapia, una vez clasificado el estilo de pensamiento del paciente, se puede iniciar con alguna técnica que permita que este comience a cambiar su forma de pensar.

Técnicas cognitivas

Las técnicas cognitivas tienen como finalidad cambiar las ideas erróneas del paciente por otras más lógicas, de manera tal que pueda comenzar a tener una mayor estabilidad emocional ante situaciones que provoquen sentimientos de tristeza, miedo, ira, etc. Aquí, se disputan la mayor parte de todo el sistema de creencias. Es especialmente importante que el profesional en salud mental actúe de activamente enfocándose en la confrontación de las creencias irracionales como: ¿La existencia de evidencias reales sobre esa creencia?; ¿El por qué ese pensamiento se considera tan horriblemente catastrófico?; ¿Existe formalmente un documento o una ley que diga que no puede hacer algo que el paciente desea?; ¿Por qué el fenómeno debería desarrollarse de ese modo?, etcétera. Dentro de las principales técnicas cognitivas nos encontramos con:

- La discriminación: Aquí se le va adiestrando al paciente a distinguir entre ideas erróneas y las ideas racionales.
- Definición: Se le estimula al sujeto a utilizar un lenguaje más racional y con un vocabulario más correcto.
- Detección: Aquí el psicoterapeuta comienza la búsqueda de los pensamientos no lógicos, las emociones perturbadoras y las conductas que el enfermo sigue, realizando una lista o por medio de un cuestionario de preguntas.
- Refutación: En esta técnica se utilizan las preguntas ya establecidas en el párrafo arriba escrito.

- Tareas cognitivas para la casa: En esta técnica se estimula al paciente a llevar un registro de sus ideas irracionales para poder analizarlas de manera que durante el transcurso de su tratamiento psicológico pueda comenzar a cambiar sus pensamientos de una forma independiente, logrando con ello más pronto su recuperación.

Un ejemplo del último punto mencionado sería el siguiente:

Camilo un estudiante de posgrado en su primer año, continuamente gasta más de siete horas de estudio en su protocolo de investigación y en sus clases de arquitectura avanzada, constantemente cada vez que entrega un ensayo sobre construcciones modernas, recibe de parte del sinodal una retroalimentación con comentarios negativos, lenguaje que cae en lo grosero y además amenazas constantes de que si no logra impresionarlo comenzara una campaña de desacreditación de sus capacidades con los otros doctores en la materia. En una profunda depresión, llevado por su pareja, asiste al consultorio del psicoterapeuta donde se le aplica una terapia cognitiva en la cual el psicólogo comienza a preguntarle sobre el contenido de sus pensamientos antes de enviar los ensayos al sinodal y después de recibir las retroalimentaciones correspondientes. Encontrando lo siguiente:

- Soy un tonto, mis conocimientos no se igualan en nada a los del sinodal
- Tantos años y las cosas no me salen como había planeado, ¡esto es una catástrofe!
- Tengo que ganarme el respeto de todos los doctores para poder ser aceptado dentro de la comunidad universitaria.

Mediante el análisis por el profesional, se le empezó a cuestionar sobre la veracidad de estos enunciados, haciéndole ver que era imposible que después de tantos años de estudio, sus conocimientos no pudieran compararse con los de su sinodal, sobre todo si habían sido recibidos en la universidad donde él trabajaba e impartía clases; que si bien las cosas no le salían como esperaba, no era objeto para que no pudieran salir bien en un tiempo futuro, sobre todo si consideraba la opción de cambiar de sinodal a través de una carta al consejo universitario; la aceptación de la idea de que ninguna persona le cae bien a todas las demás.

Dentro de las tareas para el hogar que le fueron asignadas estaban las siguientes:

- Tomar registro de sus emociones durante su estancia en la universidad, sobre todo cuando se encontraba con el sinodal
- Hacer una lista de las virtudes reales que él tenía y las virtudes que podría pensar que su sinodal percibía de él

Gracias a todo esto, el paciente tuvo una mejoría clínica en sus pensamientos en un lapso menor a tres meses, pudiendo ver de manera diferente sus capacidades y desarrollándose mucho mejor dentro de su posgrado, incluso, sin tener que cambiar a su sinodal.

Técnicas emotivas

Las técnicas emotivas están destinadas a generar un cambio de conducta utilizando las emociones del paciente, de las más conocidas podemos encontrar: juegos de roles racional-emotivo, imágenes racional-emotiva, el autodescubrimiento, el ataque a la vergüenza, entre muchas otras más. Un ejemplo de la aplicación de estas técnicas en nuestro ejemplo anterior, podría haber sido estimular a nuestro arquitecto a escribir una carta a su sinodal pidiéndole que le explicara con argumentos reales porque creía que debería comenzar una campaña de desacreditación y utilizar un lenguaje avergonzante en sus retroalimentaciones para con él (uso del ejercicio de riesgo).

Técnicas conductuales

En esta categoría se engloban las técnicas de la terapia conductual, tales como: técnicas de auto-control, desensibilización sistemática, modelado, biofeedback, la "técnica del quedarse allí" etcétera. En nuestro ejemplo del arquitecto se podría utilizar la última de manera que durante la sesión se le pida quedarse en el momento en que recibió la retroalimentación más desagradable pidiéndole que genere todas las emociones que experimento en ese momento, con el fin de hacer más tolerable una situación similar en un futuro.

Algunos Elementos en la Aplicación

El aplicar todas las técnicas anteriormente descritas requiere tener empatía con el paciente, procurarle un ambiente cómodo y evitar en toda medida hacerle sentir juzgado. En el siguiente capítulo veremos como comenzar con todo esto de forma tal que durante las sesiones se pueda alcanzar el éxito en poco tiempo, sobre todo en pacientes con depresión, trastornos alimenticios o con psicosis.

Capítulo III

APLICACIÓN DE LAS TECNICAS COGNITIVAS

Capítulo III: APLICACIÓN DE LAS TECNICAS COGNITIVAS

La terapia cognitiva en cualquiera de sus modalidades establece la resolución de los problemas emocionales de un individuo basándose principalmente en una experiencia que le enseñe un cambio en sus contenidos mentales establecidos a lo largo de las experiencias de su vida.

Estrictamente hablando, la terapia cognitiva incluye técnicas centradas en imágenes o argumentos verbales de los clientes para su futura modificación, las técnicas que se basan en mecanismos cognitivos pero que no se enfocan especialmente en los componentes cognitivos propiamente dichos, como el modelado participante, quedan excluidas dentro de nuestro análisis.

Lo más frecuente en estos últimos años es combinar las técnicas cognitivas, dando en muchos casos tratamientos que ofrecen terapias combinadas para mejorar el tiempo de recuperación del enfermo. El paciente, junto con su psicoterapeuta (psicólogo clínico o psiquiatra), aprenderá de manera gradual a cambiar sus ideas irracionales de manera que en un lapso de pocos meses pueda salir de cualquiera de los siguientes trastornos: trastornos de ansiedad, trastornos por dolor, trastornos de la alimentación, hipocondría, depresión, insomnio, ira, agresión sexual, disfunción eréctil, entre otros problemas.

Diseño del ABC de la TRE:

El planteamiento psicoterapéutico general que establece toda la teoría de la TRE, consiste en el siguiente esquema:

- A: Todos los acontecimientos activadores de las reacciones
- B: Estructura de creencias y pensamientos referentes hacia A
- C: Reacciones de conducta y reacciones emocionales

Según la teoría general de la TRE, si en dado momento un sujeto desarrolla malas conductas (emociones, acciones, pensamientos irracionales) almacenadas todas dentro de C, estas son causadas por un evento denominado acontecimiento activador, que se encuentra dentro del almacén A de su mente, con el paso del tiempo, si no es de inmediato, el sujeto pierde la conciencia de que las acciones que decide tomar su mente ante la repetición de una situación similar en un futuro (almacén C) son provocadas por la evaluación que hizo del evento, según su estructura de cogniciones (almacén B).

Los sentimientos que se produzcan al momento de la repetición de ese evento tendrán una relación directa con la evaluación dada en la primera ocasión en que fueron calificados en la mente y de su relación con las metas personales del sujeto. Estas últimas, a partir de la primera evaluación, podrán ser buscadas de una forma irracional produciendo pensamientos absolutistas con efectos psicológicos que puedan llegar a ser muy trastornantes, en contraste, si las metas son buscadas de una forma racional las consecuencias desarrolladas serán netamente favorables y saludables para el individuo. Que las reacciones los eventos tengan una mayor o menor expresión en lo que refiere a sus consecuencias en cada uno de las futuras repeticiones, dependerá totalmente de la estructura cognitiva, como ya se ha dicho, es decir, que existen dos posibilidades, la primera es que lo puedan llevar desde una simple risa hasta un verdadero ataque de pánico.

Presentaremos el siguiente ejemplo y su análisis posterior a continuación:

Felipe mantiene una relación de noviazgo con su Ana, ambos llevan apenas dos semanas dentro del noviazgo, sin embargo, se da la ocasión en que ellos tienen una discusión ocasionada por la demanda de tiempo que pide Ana a Felipe durante el día para la convivencia de ambos (evento activador A), ya que por razones de distancia sus trabajos se encuentran separados por más de 14 km y un horario quebrado.

La discusión se vuelve cada día más frecuente durante una semana, llevando a Felipe al punto de que cada vez que Ana toca el tema experimenta taquicardia, palidez de cara, coraje, impotencia y miedo a que Ana decida romper la relación con él (consecuencias en C), ya que es la única novia con ojos color azul que ha tenido y, eso para él es un gran orgullo al exhibirla dentro de su grupo social conformado por sus primos, tíos y vecinos, porque piensa que es mejor tener una novia con esas facciones y lo hace sentir más aceptado por estos (ideas irracionales en B).

Dentro de este cómico, pero no tan infrecuente ejemplo, nos podemos dar cuenta como las emociones y las acciones son tomadas a través de la primera evaluación, perpetuándose hasta que no Felipe no reciba una terapia que cambie su sistema de creencias. Aquí, el papel del terapeuta será principalmente en ayudar a Felipe a notar la presencia de estos pensamientos irracionales, su comportamiento, el grado de infelicidad que estos le provocan al perseguir metas irracionales y, al mismo tiempo comenzar a servirle como guía para que él reconozca su responsabilidad en la situación en la que se encuentra y su deber en cambiarla.

Después de logrado lo anterior con el ABC, el terapeuta pasa a la segunda etapa conocida como el D y el E de la TRE. La finalidad de estos pasos es comenzar el proceso terapéutico propiamente dicho, de manera tal que pueda comenzar a ayudar al paciente mediante el análisis de sus ideas racionales formalmente.

Diseño de los pasos D y E de la TRE:

El diseños de los pasos D y E de la terapia racional emotiva es un proceso en el cual el psicoterapeuta comenzara en sus primeras dos o tres sesiones con la búsqueda de los pensamientos irracionales junto con sus reacciones inmediatas. Aquí, se someterá al paciente al análisis de situaciones pasadas para que este comience a entrenarse en la observación de la secuencia de sucesos que le traen a la mente los enunciados ilógicos así como su análisis instantáneo de sus acciones en tales casos.

En algunas ocasiones, durante esta etapa puede iniciarse la representación mental de imágenes mediante la técnica de rol playing, otras más puede iniciarse una pequeña charla entre paciente y psicólogo para comenzar a discutir las expectativas de la terapia, esto ayudará a que el paciente pueda comenzar a tener los mejores resultados en esta terapia.

Propiamente comenzando con el paso D, el psicólogo comenzará a utilizar el método científico para iniciar a investigar los problemas reales del pacientes, es decir, el trastorno que realmente está padeciendo, después, al encontrar las ideas, tomará estos pensamientos como hipótesis que necesitan ser comprobadas por el paciente, así ante la existencia de una irracional en el paciente, este debe preguntarse y confrontarlo pensando esto: ¿Cuál es la razón por la cual tiene o debe ser de esta forma?, ¿Dónde estará estipulado que debe ser así?, etcétera. El utilizar el debate racional para contrastar la validez de todos estos pensamientos, puede, desde la primera sesión comenzar a establecer mejoría dentro del paciente.

De acuerdo con lo anterior, el paciente dentro del paso E, tendrá la capacidad de visualizar las nuevas acciones consecuentes que desde el punto de vista emocional y conductual aparecen como resultado de encarar el paso D.

Cada paso que el terapeuta comienza a dar puede ser visualizado de una manera más clara, según lo siguiente:

Primer paso: establecer y dar a conocer al paciente los pensamientos irracionales, que este logró desarrollar. Realizar este paso puede ser algo complicado al principio, pero para lograrlo, se requiere de ponerse en empatía con el enfermo, jamás juzgarlo por cualquier cosa, recordemos que el paciente lo que requiere es a alguien que inicialmente pueda comprenderlo y con el cual se sienta seguro, de esta primera impresión dependerá que la terapia valla fluyendo desde la primer sesión.

Segundo paso: apoyar al sujeto a ser cociente de cómo estas ideas irracionales logran afectar su equilibrio en las emociones y en su conducta. Este paso generalmente se inicia a la tercera o cuarta sesión, una vez que se han podido obtener al menos el 50% de las ideas ilógicas. En un paciente dado podemos comenzar por establecer interrogantes como: ¿En que se fundamenta su creencia sobre este hecho?, ¿Existe realmente un estatuto que diga que las cosas tienen que ser así?, ¿Si existe gente con los mismos problemas, por qué ellos piensan diferente?

Tercer paso: ayudar al individuo a cambiar sus formas de pensar irracionales, a través de la confrontación. Dentro de este paso, es donde se comienza la recuperación del paciente, aquí se puede optar por ocupar tareas para el hogar, de forma tal que el paciente continúe en terapia aún después de las sesiones, es necesario en este punto ya haber comenzado con el registro de evolución del paciente para poder notar puntos de mejoría de recaídas.

Cuarto paso: Lograr la estimulación del individuo en el desarrollo de una filosofía racional de la vida. Esto constituye generalmente las últimas sesiones de la terapia y en estas se le empuja a pensar de manera definitiva de forma diferente en cuanto a sus ideas ilógicas, para esto, el psicólogo tiene que estar convencido de que el paciente ya está persuadido de lo poco razonables que son sus pensamientos de forma que esta idea le parezca posible.

Donde Aplicar la TRE

La terapia racional emotiva es una de las herramientas más poderosas a las que el psicoterapeuta puede recurrir para comenzar el tratamiento de personas con depresión mayor o menos, sobre todo si quieren abstenerse del uso de fármacos modificadores de las concentraciones de neurotransmisores como la serotonina, esta ha sido en especial ventajosa gracias al uso de varias técnicas durante la misma y por el hecho de que muchos pacientes pueden sentirse en confianza de hablar de sus problemas durante cada sesión, en comparación de entrar a un consultorio psiquiátrico para sólo recibir la receta de sus medicamentos.

En lo referente a trastornos sexuales, la terapia racional emotiva sus resultados han sido evidentes en hombres con problemas de disfunción eréctil, por el hecho demostrado que la gran mayoría de las veces esta disfunción es de origen psicológico, son muchos los casos en los cuales una gran cantidad de hombres jóvenes con problemas para llevar a cabo una buena erección con su pareja logran recuperar su vida sexual en un lapso corto de tiempo ya sea con la ayuda farmacológica que prescribe el urólogo que sirve como complemento a la TRE o sólo con esta.

La TRE también es capaz de poder resolver problemas matrimoniales, sobre todo los basados en las asperezas de cada día, las diferencias económicas o profesionales de los esposos, etc. No obstante, cuando se usa en grupo, se puede hacer uso de los tan famosos fines de semana racionales, en donde el psicoterapeuta comienza a una reunión donde todos los pacientes exponen sus pensamientos ilógicos y se les invita a razonar en estas ideas de manera grupas, es increíble el efecto positivo que esto puede tener entre los pacientes cuando ellos se abren ante sus semejantes.

Modificaciones a la TRE.

A lo largo de los años a partir del nacimiento de la terapia racional emotiva, han surgido muchas variantes de las misma, las cuales siguen tomando los tres postulados fundamentales que estableció Ellis, es decir, el ABC, por el cual se crea una conducta a partir de una pensamiento ilógico. Sin embargo, la más notable de todas estas es la Terapia Racional Conductual. Uno de los postulados que propone esta variante de la TRE es que diferencia dos realidades, la objetiva y la percibida. La primera se puede confirmar sin ningún problema según ella, es decir, los hechos mismos de los cuales hay testimonio, grabaciones, videos, textos, etc. La segunda es la realidad que la persona piensa que es la verdadera y como la evalúa según su sistema de ideas.

En general básicamente son empleados los tres pasos del A, B, C de la terapia racional emotiva clásica. Una vez iniciada, el individuo debe comenzar a hacer un auto-análisis de su conducta, guiado a través del terapeuta para lograr establecer el esquema A, B, C y sus vínculos correspondientes.

Iniciando el tratamiento

Una vez comenzada la fase del tratamiento, se comenzará a confrontar al sujeto con sus ideas irracionales enseñándole al sujeto a determinar lo racional o ilógico de todas las cogniciones de su mente, para esto, se inicia el planteamiento de las siguientes preguntas que él paciente tendrá que responder:

1. ¿Mis ideas sobre el suceso se basan en factores realmente lógicos?

2. ¿De verdad son mis pensamientos una ayuda para proteger mi salud o mi vida?

3. ¿Mis pensamientos tienen la capacidad de ayudarme a lograr mis
objetivos a corto y largo plazo?

4. ¿Será que mis ideas podrán ayudarme a la evitación de conflictos con otros?

Estas cuatro interrogantes se valen de las leyes que a continuación se describen para apoyar a individuos en el proceso de diferenciar los ideas lógicas e ilógicas:

- Lo que es correcto y racional tiene una correspondencia con una descripción de carácter objetivo de la realidad.

- Un curso lógico de acción es lo más correcto para conservar la vida y el bienestar físico de uno mismo.

- El comportamiento lógico es una herramienta que nos facilita el lograr objetivos a corto y largo plazo de suma importancia para nosotros. Es poco probable que si decidimos caminar por un sendero plano y de concreto nos lleguemos a tropezar con una piedra, más no si caminamos por una vereda llena de rocas y poco conocida.

- El pensamiento racional tiene la posibilidad de controlar sentimientos no gratos y otras emociones negativas, además de muchos problemas relacionados con el ambiente. Es decir, mente clara, evita problemas y los previene de manera eficaz, asimismo, también ayuda a darles una correcta solución.

Aunado a todo esto que se ha comentado, es recomendable que los pacientes sean estimulados mediante el uso de imágenes y otros gráficos de carácter emotivo-racional, como una forma de generar nuevas líneas de respuesta emocional.

Esto provocará un cambio terapéutico como producto del logró relacionado con la modificación del sistema de ideas del paciente, esto, por la eliminación idiosincrática de sus cogniciones, tratando de que logre darse cuenta de que distorsiones están presentes en su estimulo de pensamientos.

Si logramos la corrección de las creencias irracionales del sujeto, entonces se puede disminuir las reacciones emocionales inapropiadas. Se instruye al individuo para que monitoree sus pensamientos y puede ver la relación entre estos y sus estados emocionales, que pueda sobre esta base establecer y comprobar ciertas predicciones, así como que el sujeto aprenda a presentar interpretaciones alternativas a aquellas que habitualmente el realiza como consecuencia de sus cogniciones distorsionadas (y que se propone a sí mismo a través de su dialogo interno).

Auto-instrucción

Una de las herramientas más poderosas dentro de la terapia cognitiva son las auto instrucciones, estas consisten en frases o pensamientos que utilizan las personas como guías previas para controlar o facilitar los modos de acción. Su función es realmente servir como afirmaciones que le indican al paciente como debe de pensar, actuar y en algunas veces la forma en que debe realizar tareas o afrontar problemáticas en específico.

El enfoque auto instructivo, da por hecho que los trastornos de tipo emocional son debidos a una distorsión del pensamiento, aquí, se da atención espacial con mayor énfasis a la acción de auto-verbalizarse, puesto que esto logra asumir un papel tan importante fuera de la sesión de terapia en el control del comportamiento.

Algunas de las fases que aplicamos son:

- "Soy una persona con capacidades, aunque no las conozca todavía, sé que puedo hacer las cosas bien, me esforzaré pos ser mejor"

- “Estudié lo suficiente, tengo conocimiento, mi éxito profesional si puede existir”

- “Soy una mujer, como tal tengo la capacidad de atraer a un hombre, que existe, el hombre con el que yo puedo tener una relación de pareja”

Estas y otras frases similares suelen tener un éxito no previsto en muchas personas que no interrumpen sus sesiones, de tal forma que pueden incluso llegar a reducir el número de estas durante su tratamiento hasta en más de un cincuenta por cierto.

Capítulo IV

LA TERAPIA NO DIRECTIVA

Capítulo IV: LA TERAPIA NO DIRECTIVA

Una de las terapias más revolucionarias que han logrado la recuperación de miles de personas alrededor del mundo es la psicoterapia no directiva. Esta fue creada por el psicoanalista estadounidense Carl Rogers y, su principal tesis propone que el ser humano tiene capacidades para comenzar procesos de evolución a la madurez de manera innata, dichas capacidades en un medio que da las condiciones favorables llegan a ser ostensibles y ya no permanecen ocultas nunca más.

Este método también es muy conocido como la terapia centrada en el cliente por su equivalente en inglés: client centered therapy. Sin embargo, durante los años, esta ha sido llamada de diferentes formas debido a su constante evolución, Rogers primeramente la denominó como no-directiva, debido al hecho de que el psicólogo al estar con el cliente no debe tomar una actitud de guía, sólo permanecer como alguien que lo escucha, en lo que su cliente, por sí sólo, lleva el camino de su terapia. Es así como por medio de las experiencias, el autor notó que entre más dejaba de ser un guía, la influencia que tenía en sus pacientes era tal que comenzaban a llevar un camino de mejoría. Definitivamente comprobó a través de los primeros años con este método que los clientes necesitan encontrar alguien que los guíe y, que era mejor cuando el terapeuta intentaba no guiarles.

Por lo anterior, como técnica psicoterapéutica desde sus inicios, ha sido una de las terapias con más investigación a nivel científico y, en la mayoría de los estudios multicéntricos donde se ha aplicado ha arrojado grandes resultados de eficacia. La historia de esta terapia comienza una vez que Carl Rogers publica su libro Counseling and Psychotherapy, donde comienza los fundamentos de lo que hoy conocemos como la psicología humanista.

La teoría de Roger en sus inicios, siendo tan revolucionaria, a la hora de ponerse en comparación con las otras técnicas psicoterapéuticas de los 50's fue rechazada por la mayoría de los especialistas en salud mental, sin embargo, la efectividad de la misma se terminó de establecer por completo en 1969, cuando el autor funda el Center for the Study of the Person, el cual tendría las instalaciones donde definitivamente trabajaría aplicándola en grupos, realizando múltiples estudios y publicaciones de los mismos demostrando ante la comunidad científica lo bueno de su uso en pacientes con diversos trastornos.

Este tipo de psicoterapia, por lo tanto, es parte de la corriente humanista de la psicología, la cual postula la positiva naturaleza del ser humano con su capacidad para buscar un desarrollo en base al perfeccionamiento continuo, que el autor nombra como tendencia actualizante del cliente.

Aspectos generales

La teoría Rogeriana se construyó en base al concepto de "fuerza de vida" o tendencia actualizante del hombre, la cual se define como: "una fuerza motivacional con la que se nace", esta, se encuentra programada en los seres vivos que son creados para desarrollar mejorías en todos los potenciales de su mundo. Para explicar esto mejor, el autor creía que absolutamente todos los seres vivos del planeta están en la búsqueda de obtener y ofrecer lo más hermoso de su propia existencia, postulando que el no conseguirse este fin, no es culpa de su falta de ánimos. Esta tendencia propia del hombre de ir en búsqueda del desarrollo la llamó tendencia actualizante.

De esta forma, los hombres y mujeres siguiendo su tendencia de actualización de sus potenciales, comienzan a crear sociedades con modos idiomas, lenguajes de comunicación, en fin toda una cultura. Esta situación por sí misma no es un conflicto, por el hecho de que fuimos creados como seres sociales y está escrito dentro de nuestro ADN.

Dentro de la directiva fenomenológica, contrastando con el psicoanálisis y las terapias de enfoque conductual, la terapia de Rogers plantea que las conductas de los humanos, siguen instrucciones de una manera primaria, en base a la percepción del mundo que les rodea, esto es, "cada individuo es único y sin igual y, por la misma razón, los diferentes enfoques de la realidad que cada quien posee es en cierta forma, desigual a la de los otros así como la conducta de cada hombre; de esta forma, lo que se expresa en cada uno es sin lugar a dudas esas perspectivas". Para Rogers los seres vivos conocen lo que les hace bien porque el proceso de evolución ha proveído a cada quien de herramientas para la percepción del mundo como lo son: sentimientos, preferencias, sentidos primarios, capacidad de discriminación, entre otros, todo esto, en conjunto, denominado como valor organísmico de la propia existencia. Seguidamente, son categorizados bajo la denominación de visión positiva aspectos reales que condicionan la estabilidad mental, como son: el afecto, la atención, el cuidado, la crianza, el trabajo, etc. Por lo tanto, la valoración dentro de la teoría de Rogers, es sin duda, una parte fundamental dentro de la estabilidad mental. Además notó que los seres humanos valoramos mucho la recompensa positiva propia, que incluye: la auto valía, la imagen positiva de la propia persona y su autoestima; todo esto relacionado muy estrechamente con la relación que tengamos con los demás, de esto que se dé el hecho de que los cuidados positivos de los otros para con nuestra propia persona sean una forma de como alcanzamos este cuidado personal. La falta de este cuidado nos ocasionaría sentimientos de desamparo e inferioridad, limitando alcanzar el potencial al que podríamos llegar.

Poder llegar a alcanzar el cuidado benéfico sobre condiciones específicas, es algo importante y el autor de la terapia lo define como recompensa positiva condicionada. Los condicionantes ejercen poder sobre nosotros, sobre todo cuando se relacionan con recompensas positivas, especialmente cuando los humanos nos sentimos con necesidad de esta.

El poder de los condicionantes mentales se ve establecido de manera más expresa cuando nos encontramos en sociedad, esto, porque la cultura de una sociedad logra desarrollar su propia existencia, es decir, gradualmente los condicionamientos que impone la cultura y la sociedad misma nos alejan del bienestar de nuestros potenciales personales, en tal forma, que si estas dos en un determinado punto se colapsan, nosotros también lo hacemos. Por lo anterior, no es de extrañarse que oigamos frases como: un buen profesional es aquel que tiene un empleo de base, más no, un buen profesional es aquel que se siente feliz de realizar su trabajo. Todo esto nos lleva a concluir que estos condicionamientos nos guían, sin darnos cuenta, a proveernos sin querer de una auto valía positiva de tipo condicionado.

Con base en el párrafo anterior, en cierto momento de nuestro desarrollo comenzamos a tomarnos cariño en base en la calificación que el medio nos da, de modo que si tenemos todas las cualidades "necesarias" para ser calificados como aceptables según los requerimientos comunes que los demás dan por correctos seguramente nos estaremos dando un valor alto y creyendo que esto es aún más importante que seguir nuestro proceso de actualización de potenciales. Debido a que los estándares no han sido elaborados para la realización de nuestros ideales y requerimientos personales, es de esperarse que siempre nos estemos exigiendo llegar a cumplir a la perfección con dichas pautas de comportamiento, forma de pensar, vestir, manera de tratar a las personas, etc. Alejándonos cada vez más de poder llegar al nivel de autoestima necesario para poder sentirnos felices.

La terapia no directiva, propone además otros conceptos que es necesario conocer para poder hacer una evaluación completa del paciente. A continuación los revisaremos con más detalle.

Self e ideal

Según Rogers, el yo (Self), es lo que se concibe como la parte que tiene el hombre que busca una tendencia actualizadora que a la vez realiza nuestra valoración organísmica y, que además, está en búsqueda constante de recompensas positivas. El self, es lo que el paciente cree que es el Yo que sueña por alcanzar si todo le sale bien Ya que la sociedad en la cual vivimos y nos desarrollamos día con día no lleva una compañía con la tendencia de nosotros a actualizarnos, además del hecho de que nos vemos obligados a estar bajo los estándares de valor que no corresponden a nuestra valoración organísmica, finalmente lo que obtenemos son sólo recompensas positivas condicionadas.

Consecuentemente a lo anterior, tendemos a pensar en desarrollar un yo ideal. Rogers explica este ideal como un concepto no real y la mayor parte de las veces lejos de que uno mismo lo alcance. De esta forma, en nuestra mente se crea un espacio real e intangible entre lo que son dos ideas cercanas y a las vez lejanas: " El yo soy" y "El yo que tendría o debería ser", tal espacio inmedible es llamado por Rogers como incongruencia, por lo tanto entre mayor sea la distancia, mayor es lo incongruente del paciente y, en teoría esta incongruencia es la principal causa de las neurosis o como se le denominaría dentro de su teoría la desincronización del Yo y el Yo que debería ser.

Defensas

El concepto de "defensa" de la teoría Rogeriana nace del hecho que al existir una incongruencia, ésta por si misma nos mete en una situación amenazante y al encontrarnos en otra que ponga más distancia en la incongruencia puede nacer de manera instantánea un sentimiento de ansiedad, esta como una señal pre-programada en el encéfalo de una manifestación potencial de peligro grave por instinto debe ser evitada y una forma de lograr esto es el uso de las defensas. Estas dentro de la teoría de su terapia son consideradas como estrategias mentales del cerebro funcional que permiten al individuo encarar la realidad que percibe y permitir la continuidad de la autoimagen, este concepto es muy parecido al concepto freudiano, sin embargo para Rogers sólo existen dos tipos de defensa fundamentales: la negación y la distorsión de la percepción; aquí es importante hacer énfasis que procesos mentales como los recuerdos y los impulsos los considera como formas de percepción.

La negación consiste verdaderamente en un bloqueo absoluto de la situación amenazante que en cierto caso comenzó a provocar la ansiedad. Así, la negación consistiría en la evitación de un recuerdo dentro de la conciencia para lograr evitar la situación amenazante.

La distorsión de la percepción, el autor la explica como una forma de volver a interpretar una situación amenazante de forma tal que el grado de peligro que presenta para la mente sea menor. Un buen ejemplo de esto sería el siguiente:

"Se da el caso de un obrero dentro de la fábrica que no puede cumplir con la calidad de producción pedida por el gerente, de esta forma, para poder afrontar una situación de peligro potencial, en este caso el despido, apela inmediatamente que la maquina esta vieja, que su manual de instructivos está en inglés, entre muchas otras, de forma tal que pueda hacerse de argumentos para poder hacer frente a su supervisor y lograr salvar la pena de ser despedido".

El concepto de persona funcional

Para Rogers el concepto de salud implicaba que además del correcto funcionamiento del cuerpo, debería haber una armonía entre mente y cuerpo de forma tal que la persona fuera funcional, tal como una computadora con su sistema operativo, este concepto de persona funcional implicaba lo siguiente:

- Disponibilidad para la experiencia
- La vivencia existencial
- Creatividad
- La confianza organísmica

La disponibilidad para la experiencia que describe el autor es un proceso inverso a las defensas. Definiéndose como la correcta percepción de las experiencias vividas que al paciente le ocurren por su contacto con el medio que le rodea, el cual implica una total aceptación de la realidad y de los sentimientos experimentados, estos, dentro del enfoque del autor, toman una importancia vital porque permiten que el paciente realice la evaluación organísmica de la realidad. Es decir, si el sujeto no es capaz de mostrar su verdadero sentir, será muy difícil que este pueda actualizarse. Parecería fácil todo esto, sin embargo, dentro de una terapia, esto puede serle verdaderamente complicado al sujeto, es decir, el que el paciente logre discriminar sentimientos verdaderos de los que son ocasionados por una ataque ansioso.

La vivencia existencial, por su parte, dentro de la teoría es explicada como la capacidad de aprender que tenemos en base a nuestras experiencias, para él, el hombre por sí mismo no puede vivir dentro de periodos de tiempo establecidos, es decir, no existe un tiempo pasado o un tiempo futuro, sin embargo, este hecho no debe confundirse con no aprender de las experiencias que al mundo le parecen como pasadas o dejar de planificar metas para el futuro, Propone que reconozcamos los pensamientos que aluden al tiempo como: memorias y sueños que experimentamos siempre en el tiempo presente.

La capacidad que tenemos los seres humanos para permitirnos navegar por evaluaciones de carácter organísmico, se define dentro de la teoría de la terapia no directiva como el grado de confianza organísmica y, esto es lo que nos permite hacer algo que creemos que está bien, reflejo de la seguridad que tienen el propio yo en sí mismo, además de ser la única manera con la que podemos experimentar el conocimiento del concepto del self que está en su proceso de actualización.

Abriendo un nuevo concepto, Rogers, definió a la creatividad como la capacidad de una persona funcionante y sin o con un grado de incongruencia verdaderamente mínimo, que desea participar en el proceso de actualización de otros seres humanos, el deseo de contribuir a la actualización de otros puede ser en cualquier cosa de la vida, describiendo a estos individuos creativos como personas que son capaces de ayudar a otros en momentos correctos y en situaciones acertadas.

El concepto de libre albedrío dentro de la teoría de la terapia no directiva sufre una notable controversia, para el autor, este concepto mental no tenía mayor importancia, es decir, muchas veces las personas nos comportamos como si no lo conociéramos, porque las personas cuando se les presentan oportunidades fantásticas parece que no tuvieran la capacidad de elegir. De esta forma, la libertad experimental es explicada como la identificación de la capacidad de elegir sin restricciones en una persona funcional, sabiendo que también se deben esperar responsabilidades con cualquier decisión tomada en cualquier oportunidad presentada.

Estudios científicos realizados a la terapia no dirigida

Dentro de la mayor parte de los estudios concerniente a la aplicación de esta terapia, los cuales siguen el método fenomenológico de la psicología, concluyen en los postulados siguientes:

- Se reconoce que los seres humanos son individuos activos, responsables de sus acciones, con la capacidad de maquinar planes y con el libre albedrío para la elección de alternativas para su conducta.

- Se hace énfasis en el entendimiento del paciente, más que en su explicación o diagnóstico, se esquivan así "etiquetas". Se privilegia la empatía para el éxito de la terapia, de finiéndose esta como: "todo comportamiento es comprensible cuando se le observa desde el punto de vista de la persona que se está observando".

- Se reconocen la tendencia innata de las personas al desarrollo, con un potencial para desarrollar una personalidad.

- El trato con el paciente "de igual a igual" es vital para la ayuda psicológica.

La terapia, de esta forma constituye, un ejemplo claro del enfoque fenomenológico dentro de la psicoterapia.

El sujeto integrado

Según el autor de la terapia, el sujeto integrado (psíquicamente), es el hombre o la mujer, que no tiene incongruencia entre sus experiencias, esto es, en el sí-mismo (self) y su conducta. En contraste, un paciente incongruente sería aquel que tiene una débil su integración, en lo que refiere a sus experiencias y, por consiguiente el sí-mismo y su comportamiento.

Según observaciones realizadas a través de múltiples estudios, resulta muy evidente que en la forma en que el sujeto comience a "hacer caso" a la mayoría de sus experiencias y comience a dejar de calificar las mismas de forma orgánica y las empiece a puntuar de manera condicional en base de la condición que establece el juicio de los que lo rodean, se volverá más incongruente y vulnerable.

¿Por qué y como ocurre este proceso de desintegración e incongruencia en el sujeto?

Para comenzar a tratar un poco más claro el proceso de desintegración de un individuo partiremos del hecho de que las personas comienzan en un determinado momento a valorar de forma tan grande la estimación obtenida de las otras personas, que llega un momento en el que estas comenzarán la búsqueda de esta, incluso iniciando una búsqueda que valla en contra de su necesidad organísmica y el motivo de su autorrealización.

Con el paso del tiempo esto comenzará a ocasionar un conflicto emocional dentro de las mismas, por el hecho de que al llevar una conducta en base a las condiciones de valor, agrandará la incongruencia de su mente porque va en contra de su tendencia a actualizarse. Con la finalidad de hacer frente a las inconformidades, los paciente comienzan a desarrollar defensas, algunos distorsionan la realidad y sus memorias de ella, lo que les permite obtener conductas problemáticas según la opinión de otro. Otros por su parte, comenzarán con la negación.

Proceso terapéutico

Todo psicólogo o psiquiatra debe tomar en cuenta que el análisis dentro de la terapia no directiva comienza desde la premisa de que el hombre es bueno por naturaleza y, que tiene una capacidad de escoger sus objetivos y de llevar una conducta madura, responsable. Asimismo, de que también se comporta de manera inconstructiva cuando se siente temeroso e inseguro.

La terapia psicológica enfocada en el cliente, como comúnmente se le conoce a la terapia no directiva, es una técnica que se basa en la psicología humanista. Aquí, el sustantivo "Cliente" tiene la finalidad de hacer más tolerable al enfermo el significado tan preocupante para muchos de "paciente", según Rogers, por el hecho de que el cliente mantiene cierto grado de responsabilidad y libre elección sobre su recuperación con esta técnica como un sujeto que trabaja activamente en el proceso. Contrariamente, el término de "paciente", suele ocasionar perdida de la responsabilidad y de las demás habilidades por el conjunto de ideas fatalistas y conflictivas que el sujeto tiene relacionadas con tal sustantivo.

De esta forma, es necesario contar con las circunstancias suficientes y necesarias para el desarrollo del proceso terapéutico, estas se encuentran más detalladas a continuación:

- Un par de personas que se hallan frente a frente en una relación terapéutica.

- Que de estas personas, el individuo, tenga un estado de desorganización interna, esto es, incongruencia entre sus experiencias, la imagen de sí-mismo y su comportamiento.

- Que el otro sujeto, el psicólogo, pueda tener un estado de acuerdo interno: experiencia, el self, comportamiento; todos congruentes, al menos durante la duración de la misma terapia.

- La existencia de empatía y comprensión por parte del terapeuta durante su trato con el cliente.

- El terapeuta siente una consideración incondicional hacia el individuo; lo acepta (en tanto que persona) cualquiera que sea su conducta, estado o situación).

- La voluntad del cliente para lograr darse cuenta de lo que ha expresado anteriormente

Este proceso, pues, debe facilitar al cliente, conseguir experiencias totalmente diferentes y nunca antes experimentadas, las cuales que le puedan hacer reiniciar su tendencia innata de crecimiento y en poco tiempo un auto-desarrollo sin interrupción, de esta forma, la principal actividad del especialista en salud mental será que por medio de la relación con su cliente, lograr establecer un ambiente psicológico estable y seguro, el cual, que no imponga condicionantes valorativas, para que el cliente pueda lograr llegar a sentirse como el mismo, sin el desarrollo de defensas.

Para el establecimiento de un clima de seguridad psicológica y, de una relación interpersonal, que el cliente pueda utilizar para su desarrollo, el terapeuta debe tener en cuenta la existencia de las siguientes recomendaciones:

- La estimación positiva incondicional
- La empatía
- la congruencia

Aquí consideraremos a la estimación positiva incondicional como la actitud elemental que lleva en sí los principales requerimientos que necesitan ser llevados a cabo en la terapia, estos son: la sincera preocupación por el cliente como individuo; la aceptación total del cliente como es, sin juicios, ni evaluaciones; la confianza su capacidad de crecimiento; además de la espera de que se puede realizar un cambio por parte de este.

Todo lo que se ha descrito antes, en determinado momento tiene la posibilidad de ser ampliado si añadimos que el concepto de estimación positiva también incluye: no emitir juicios de aprobación o desaprobación sobre los sentimientos del cliente; el deseo de oír y entender al mismo; no proveerle de consejos; no asumir todas las responsabilidades de las que el cliente necesita responder; en ninguna manera realizar la toma de decisiones de cualquier tipo por él.

Por su cuenta, la empatía se usa de manera común y constante por el profesional en salud mental con la finalidad de que este pueda comenzar a notar el ambiente, las cosas y otros aspectos, desde el cristal con el cual su cliente mira las mismas cosas, aquí, es obligatorio que el psicólogo o el psiquiatra pueda comenzar a realizar un gran trabajo en el proceso de ver todos los aspectos mencionados anteriormente, incluyendo los sentimientos y demás cosas, a como su persona a cargo las puede notar.

La congruencia significa que el terapeuta es capaz de comportarse según sus sentimientos y pensamientos, con el individuo, evitando el uso de fachadas en sus relaciones con el mismo.

Capítulo V

TÉRMINOS CON CONNOTACIONES EMOCIONALES DE USO FRECUENTE EN LA ENTREVISTA

CAPÍTULO V: TÉRMINOS CON CONNOTACIONES EMOCIONALES DE USO FRECUENTE EN LA ENTREVISTA

Dentro del proceso de la terapia no directiva, la entrevista es parte fundamental para poder conocer al paciente de una manera eficiente y lograr infundir en él un sentimiento de confianza, para que pueda este abrirse a hablar sobre todas las cosas que le causan conflictos emocionales, sin que el psicoterapeuta tenga que dirigir la sesión. Muchas veces se da el caso en que muchos especialistas en salud mental cuando van iniciando con sus primeras terapias desconocen el significado real de muchos términos asociados con este procedimiento no directivo. A continuación procuraremos definir cada uno de los términos más importantes dentro de la teoría del Dr. Rogers, con el fin de que el lector pueda comprender de manera exacta y efectiva los mismos y pueda ofrecer a su cliente soporte a lo largo de todo su tratamiento.

Alegría

El término, denota un sentimiento de total relajación, buen estado de ánimo, reflejado todo esto en un cliente que tiene: buen sentido del humor, optimismo y una sensación grande de felicidad con algunos momentos de excitación.

La alegría es considerada dentro de la psicología como una de las emociones básicas, la cual es capaz de generar un bienestar a nivel mental. Muchos psicoanalistas también consideran a la alegría como un estado de ánimo grato necesario para que el ser humano pueda experimentar el sentimiento contrario, es decir, la tristeza. Un ejemplo típico de alegría, sería la reacción de un aficionado al fútbol ha ganado un campeonato, en el que podrán hacerse visibles muy fácilmente de lo que ti mismo hacia la situación, una gran reacción de excitación y hasta euforia.

Tristeza

Dentro de la psicología, la tristeza, es la sensación de dolor en la mente. Esta emoción, además provoca gesticulaciones y reacciones faciales características, tales como: contracción de los músculos ubicados en los pómulos, contracción de los músculos orbitales, lagrimeo y aumento del moco nasal. Generalmente, la tristeza se produce por un evento que provoca la caída de la moral del paciente. Además, la tristeza también es un sentimiento que refleja la existencia de alguna enfermedad mental como la depresión, los trastornos alimenticios o los trastornos de estrés post traumáticos.

La tristeza puede considerarse patológica, en el momento en el que existen desequilibrios en el plano de la afectividad y comúnmente encontraremos esto reflejado como: falta de motivación, desesperanza ante la vida, baja autoestima e ideas pesimistas.

Miedo

Definir el miedo, es algo complicado, sin embargo, es una emoción que refleja un desagrado máximo y de carácter instintivo hacia una situación. El miedo generalmente indica la percepción de una situación que implica peligro, ya sea real o imaginaria. Según la teoría de Freud, esta redacción es aprendida, sin embargo, la psicología profunda establece que es una reacción correspondiente ante una situación que provoca un conflicto emocional que no suele resolverse y, que a la vez tiene un carácter inconsistente. A pesar de esto, también la fisiología humana trata de explicar el miedo como un mecanismo adaptativo de supervivencia íntimamente relacionado en las áreas cerebrales cercanas a la amígdala. De esta manera, ante la presencia de una situación potencialmente peligrosa, las conexiones de las diferentes regiones del cerebro avisan a la amígdala y sus regiones cercanas que se debe de iniciar una cascada de excitación en sus neuronas, provocándose la sensación de pánico.

Un individuo con miedo, de manera común, se le nota nervioso, en posición engarrotada, por la alta contracción de la musculatura, manifestándose preocupado por la situación que le causa conflicto. La expresión máxima del miedo, es el terror. En cierta forma, el miedo es controlable por la persona, sin embargo, cuando el individuo no es capaz de controlarlo y comienza a pensar irracionalmente, se encuentra bajo terror.

Un ejemplo clásico de miedo, sería un estudiante que acude a su clase y se ve con la noticia de que realizarán un examen sorpresa, de manera habitual, éste deberá esta situación como un peligro a su estabilidad académica, comenzando a tener episodios de sudoración excesiva durante los primeros minutos, aumento del ritmo cardíaco y pensamientos irracionales, principalmente dar por hecho que no va a poder aprobar el examen.

Incertidumbre

El estado mental de confusión, debido a la velocidad o mentira de un hecho, de manera común suele denominarse dentro de la psicología como certidumbre. Un individuo bajo incertidumbre, de manera común es el séptico ante proposiciones reales, realizados sus tres preguntas acerca del mismo fenómeno constantemente, debido a que la certeza de la situación le provoca un conflicto. La inseguridad ante la elección, generalmente es un indicativo de incertidumbre, por el hecho de que el ser humano se ve preocupado, por la presencia de un potencial peligro. Los grados más extremos e incertidumbre, pueden verse ante situaciones que amenazan de manera real la vida, tales como: un diagnóstico médico de cáncer, un secuestro, la noticia de una posible guerra; por mencionar algunos ejemplos.

Ira

La ira es una emoción descripta como un sentir total de repudio ante algo, alguien o un hecho. Es una reacción que nos permite enfrentar al medio con amenaza, sin embargo, se produce principalmente para poner un alto inmediato al conjunto de acciones amenazantes del medio externo (personas, hechos, fenómenos naturales). De esta forma, es un aviso de peligro para el mismo peligro por parte del sujeto.

Desde el enfoque de la psicología, nos podemos encontrar con tres tipos fundamentales de ira: la ira que es precipitada y muy repentina, la ira de comportamiento estable e intencionado por parte del individuo y, la ira recurrente. Se piensa que el primer tipo de ira, se presenta ante una situación amenazante y, es parte del conjunto de impulsos de auto preservación de todas las especies, de esta manera, la ira precipitada y repentina está presente en todos los animales y se hace manifiesta principalmente durante la búsqueda de pareja para el apareamiento. Por su cuenta, la ira estable e intencionada, es un aviso de alto, ante una situación injusta o que compromete a la integridad corporal, siendo ambas situaciones de carácter intencional. Cuando la ira es de tipo recurrente, la gran mayoría de las veces está asociada a los rasgos de personalidad del cliente, es decir, es más probable que un sujeto con personalidad antisocial sienta constantemente ira de manera crónica que uno con personalidad limítrofe.

Cólera

El término cólera, denota un tipo especial de ira visto en pacientes que se encuentran frustrados ante un deseo personal, independientemente del tiempo que llevaba el deseo latente. Los individuos con cólera suelen verse enojado, molestos por diversos motivos poco razonables. Asimismo, de manera cotidiana se sienten ofendidos por la más mínima causa.

Asco

Cotidianamente el asco es entendido como una emoción que provoca desagrado y disgusto al estar ante la presencia física de determinadas sustancias, alimentos u objetos. Fisiológicamente el asco, evoca a reacciones que implican al sistema límbico, en especial a: nauseas, sudoración, vómito y disminución de la presión arterial. Asco y miedo están muy relacionados, debido a que se encuentran en la misma área del encéfalo, es decir, la amígdala. Un paciente con asco, de manera común suele presentar arrugas pasajeras en la piel en andarines, elevación de los labios superiores y descenso de las comisuras labiales. Para algunos, el asco es una reacción aprehendida durante los primeros años de la vida.

El terapeuta: sus respuestas y conducta durante la terapia no directiva

Una vez que se inician una terapia, existen diversos métodos y respuestas pone en riesgo la profesional en salud mental y de identificar para poder conectarse con su cliente de una manera eficaz. Se debe hacer hincapié que la terapia no directiva, se caracteriza por qué dentro de esta, el psicoanalista lleva el cliente a sentirse en comodidad y nunca a la realización de interrogatorios dirigidos. Primeramente, es necesario comenzar a entender que el éxito de la terapia rogeriana parte del hecho de que cualquier individuo cuenta con capacidades que necesita desarrollar para poder lograr reactivarse con su tendencia actualizase, de esta forma, mientras más libertad se le comience a dar al cliente, será mejor para este, muchos de sus conflictos en determinado caso pueden venir de su falta de libertad para expresarse de la manera que él considera correcta, divertida y alegre.

Siempre es necesario ver al cliente como una persona que necesita ayuda y, además, tener presente que nosotros no debemos mostrar la presencia de incongruencias ante él. Un cliente incongruente, necesita la sensación de seguridad de un psicoanalista que le mira como un amigo, como alguien que desea ayudarle de manera incondicional, de manera que pueda sentir desde los primeros minutos de la primera sesión, que se siente totalmente aprobado y aceptado por esa personas a la que él eligió para tratar de obtener una ayuda a esa situación tan desesperante que en su mente vive día con día desde hace ya varios años.

La empatía sin duda, es parte fundamental del portafolio emocional del psicólogo a la hora de tratar con un paciente incongruente. Si el terapeuta no logra imaginarse en algún momento ser el cliente que está atendiendo, no podrá comprender la complejidad de causas y variables que han llevado al individuo a tener tales disyuntivas dentro de su mente, claro, todos tenemos metas, pero no a todos la vida nos ha dado la oportunidad de alcanzarlas o siquiera de lograr cumplir con esos estándares condicionados de felicidad que la sociedad capitalista nos impone día con día mediante anuncios, comerciales de televisión, las películas de acción; por mencionar algunos ejemplos.

La terapia pues, debe cumplir como objetivo principal que el cliente pueda obtener una experiencia única junto con su psicoterapeuta, la cual le muestre que puede reiniciar el proceso de crecimiento y autodesarrollo que perdió hace ya varias décadas (hablando de un paciente adulto, aunque no necesariamente pueda ser este tipo de cliente), mediante la creación de un ambiente psicológico de confianza en donde sin necesidad de llegar a un punto donde el cliente comience a utilizar cualquiera de las dos defensas posibles (si no es que ambas), pueda hacer frente a su realidad, comenzar a responsabilizarse de sus acciones y ver la vida de una forma más grata y alegre. Demás está mencionar que los miedos del paciente nunca deben ser tocados en un tono juzgante, realizar esto podría ser tan peligroso en algunas ocasiones, que el cliente podría entrar en un estado de pánico o sentir cólera hacia el terapeuta y no volver a la siguiente sesión. Esto es entendible debido al hecho de que su incongruencia mental lo lleva a tomar defensas de manera inmediata, con la finalidad de poder hacer frente a la situación a la que le llevo su propio terapeuta.

La estimación positiva incondicional, por tanto, es vital para casos en los cuales se tiene un paciente con una actitud física que demuestra miedo, de que naturaleza, no lo sabemos, pero podremos darnos una idea poco a poco del tipo de miedo (miedo controlable o terror), si le demostramos sincera preocupación para con su persona. Confiando siempre que podemos ayudarlo a realizar un proceso de crecimiento que nunca pare. La estimación positiva para con el cliente entonces implica un gran deseo de escuchar cada cosa que a él o a ella le puedan parecer importantes en lo referente su relación con sus conflictos emocionales, viendo en toda ocasión que no valla a pensar que estamos aprobando o desaprobando las cosas que dice, más bien tratando de que perciba que lo escuchamos como un espectador en una conferencia muy importante.

Para que la relación entre el cliente y el psicoanalista resulte verdaderamente útil, este último debe ser siempre auténtico, siempre teniendo presente su propio ser y, evitando en todo lo posible ofrecer una fachada externa que sea totalmente diferente a su verdadera personalidad. Tener una relación autentica con el cliente siempre significará que se tendrá la voluntad de expresar las ideas y el sentir sobre la conducta de uno mismo, tanto del cliente, como del terapeuta. Con esto, ambas partes poco a poco estarán entendiendo que el grado de utilidad de la relación establecida entre ambos será proporcional al grado de satisfacción del individuo, producto de sentirse aceptado por su psicoanalista.

Durante la relación con el paciente, el psicólogo puede verse orillado a responderle a su cliente de alguna forma, a continuación veremos cuáles son las diferentes tipos de respuestas plateadas por la teoría Rogeriana para este tipo de situaciones:

- Respuesta de eco
- Respuestas reflejo
- Elucidación
- Respuesta de resumen
- Respuesta de auto revelación
- Inmediatez

Puede que se dé el caso en el que el cliente comience a hablar de su vida tanto que da una pausa esperando de manera in consiente alguna respuesta de aprobación por parte del psicólogo, en estos casos, una de las mejores manera de poder enviar un mensaje de aprobación es el recurrir a la respuesta de eco, esta utiliza de manera principal el reflejo reiterativo, con lo cual el paciente percibe que lo que él está contando crea sentimientos de emoción en su terapeuta y lo interpreta como un reforzador positivo a continuar con su terapia.

Ejemplo:

Un buen ejemplo de esto sería una situación en la cual se está escuchando a una mujer que acude al psicoanalista por experimentar una profunda depresión por la ruptura amorosa con su marido, con el cual llevaba más de 10 años de convivencia. Comenzando a habar dentro de la terapia, de los horribles comentarios que le hacia su ex pareja, llega a la conclusión de que no es una mujer fea, diciéndole al psicólogo, ¡Sabe, no soy fea! La respuesta de eco dada por este último fue simplemente el repetir no eres fea con una cómica sonrisa en cara, acto seguido la mujer se sintió estimulada a continuar hablando de lo hermoso de sus atributos.

El ejemplo anterior demuestra sin duda que una respuesta de eco es una respuesta acertada ante pacientes que esperan recibir aceptación a la hora de contar sus penas, esta misma respuesta, estimula al cliente a continuar con su terapia y a finalizar su tratamiento en poco tiempo.

Las respuestas de reflejo como tales, consisten en una síntesis realizada por el terapeuta durante la charla normal de la terapia, de forma tal que le devuelve al paciente un reflejo de lo que ha comentado, todo esto de manera amena.

Una situación especial resulta de la situación donde el paciente a un planteamiento que le realiza el paciente al psicólogo, es decir, supongámosle que le está hablando de su problema de alcoholismo, entonces él le pregunta ¿Hay algo malo en beber? Y, el terapeuta le dice que lo malo en beber es la resaca y la pérdida de memoria al día siguiente en un tono divertido, de esta forma le advirtió de las consecuencias obvias de tal comportamiento sin mostrarse en un posición de juez.

La respuesta más adecuada que el terapeuta debe utilizar a la hora de finalizar la sesión, es sin duda, el resumen, mediante un resumen ameno y un poco divertido, se le puede hacer ver al paciente aspectos positivos acerca de si mismo, de forma que la congruencia de su mente comience a hacerse más evidente y por lo tanto este pueda recuperar su sentido de actualización.

La auto revelación, por su parte es una comunicación en donde el terapeuta en comienza a revelar aspectos personales de sí mismo. De forma general, muchos objetivos relacionados con la auto-revelación se encaminan a aumentar el grado de auto-revelación del cliente, para esto es necesario establecer un ambiente de integración más cómodo e tratar de hacer presencia en la percepción que el cliente percibe del psicoanalista, de forma que vea no tanto en su papel profesional, sino por el contrario su cara como otro hombre cualquiera. Es necesario emplear esta respuesta con mucha mesura y prudencia.

Una vez iniciados en confianza, generalmente a mitad del tratamiento, una de las respuestas más inteligentes para lograr tener más contacto con el cliente es la Inmediatez, esta consiste principalmente en expresar sentimientos o las impresiones que vienen al cliente en el momento determinado de la sesión.

Con los tipos de respuestas y los conceptos generales, podemos concluir que el paciente podrá retomar su tendencia actualizante, sin embargo, para fines profesionales, es necesario desarrollar toda la terapia de la siguiente forma para la comprensión general de manera más sencilla por parte del psicólogo:

1. Fase de desorganización:

Es la fase de incongruencia interna en el cliente, comprende:

- Descripción de tola la problemática (1er. Estadio)

- Exploración del paciente (2do. y 3er. Estadio).

2. Fase de reorganización:

En esta fase de los ideales del cliente o comúnmente llamada comienzo del desarrollo de la congruencia interna y la principal actividad del cliente es el análisis de sus formas de pensar (4to. Estadio), siguiendo con la reorganización de todo su sistema de creencias y la recuperación de este (5to Estadio.

Se puede ver que los cambios en la propia personalidad del individuo, por medio de del enfoque homotético, logran expresar de manera característica una mejoría total en el grado de funcionamiento psico-social de este , que se ve reflejado de manera particular por un aumento o mejoramiento en todos los aspectos importantes del nivel de conciencia , auto-aceptación , comodidad, interpersonal, flexibilidad, cognoscitiva y autoconfianza.

Capítulo VI

LA TERAPIA GESTALT

Capítulo VI: LA TERAPIA GESTALT

Dentro de en los diferentes tipos de terapias disponibles, una de las más interesantes por el hecho de que durante su transcurso el psicoterapeuta puede conservar su ego como una parte importante de su proceso de trabajo, es la terapia Gestalt. La tesis de esta técnica plantea que el comportamiento social inadecuado, que en cierto momento expresa un paciente, se origina por una señal dolorosa que fue creada por polaridades o como consecuencia de su desarrollo psicológico. Así, el conflicto que puede presentar el individuo, puede ser de origen interno puramente o comenzar a manifestarse en su relación social con las otras personas.

Sea cual sea la causa, la terapia pretende un enfrentamiento entre los puntos que presenten incongruencia, las características bipolares de la personalidad del sujeto y además, con los problemas que se presenten durante su relación con las personas que le rodean.

Los orígenes de la terapia geltastica se remonta a los primeros años del siglo XX. Sus primeros pioneros, los psicólogos:

Koffka, Kóhler, Wertheimer, Brown y Voth; todos por separado, lograron llegar a entender que para explicar el comportamiento de un ser humano, deben tenerse en cuenta siempre: sus emociones, sus sentimientos y todo lo que provenga del interior de la persona. Así, la terapia Gestalt, nace en una época un tanto oscurantista para la psicología, en donde las teorías visuales y auditivas dominaban en las corrientes alemanas de la época.

Wertheimer, uno de los principales pilares de esta corriente, proponía dentro de su teoría del proceso de percepción de un individuo es de carácter totalitario y que el tratar de estudiar al individuo por separado no hace más que destruir esa percepción que éste tiene. Es importante definir dentro de este punto el concepto de Gestalt, que según Wertheimer, era la configuración total de la percepción que tenía el individuo. Junto con sus dos principales discípulos, los psicólogos Koffka y Kóhler, Whertheimer propuso más tarde, que un fenómeno psicológico no se percibe por sensaciones unitarias, sino que más bien es percibido como una sensación totalitaria, que nada tiene que ver con la integración de procesos individuales que posteriormente se conjuntan.

A pesar de las investigaciones de Whertheimer, no fue sino Perls quien logró unificar definitivamente la tesis de que la percepción junto con las sensaciones, las emociones y los crecimientos se percibe de manera conjunta.

A pesar de que el concepto de Gestalt, en muchas regiones de Alemania se interpretaba como configuración, con el paso de los años se han aceptado otros términos como: forma, figura, entre otros. En la actualidad, mundialmente, la interpretación más usada, ha sido, sin embargo, la de forma. Por otro lado, el vocablo configuración, muchos psicólogos y psiquiatras le han atribuido el significado de composición de elementos, lo cual resulta algo puesto a su inicial interpretación en Alemania.

A lo largo de toda las investigaciones durante las primeras dos décadas del siglo XX, en lo referente a la teoría Gestalt, arrojaron dos conceptos realmente importantes, que todo psicoanalista tiene que saber:

- Todo tipo de percepción es organizada
- El carácter bueno de la organización tiene una relación directa con todas las situaciones estímulo.

Los dos enunciados anteriores, pretenden que el terapeuta pueda ayudar a su cliente a desarrollar la habilidad de "darse cuenta" de que el mismo es un organismo total, así, al aprender a confiar en sí mismo, el cliente, comienza el proceso de desarrollo de una personalidad que le permita dar su apoyo a el mismo como persona. De esta forma, durante cada sesión de su proceso terapéutico, el individuo podrá reorganizar una por una, todas las partes desunidas de su propia personalidad, lo que le permitirá reunir la fuerza necesaria para obtener un conocimiento de sí mismo, visualizando al psicólogo como una imagen refleja, es decir, teniendo sus expectativas para con él, como la forma de tener lo que a él le es imposible movilizar, debido a que sus conflictos emocionales no se lo permiten.

Otro de los puntos interesantes de la terapia forestal, es el de la interpretación de los sueños del paciente. Proponiendo que el simbolismo presentado en los sueños es único y personal, explicando que dentro de estos suelen aparecer las partes alineadas de la personalidad, es decir todos esos aspectos del mismo cliente que rechaza en su propia persona. De esta forma, una vez haciendo una revisión de todas esas partes alineadas, el psicólogo logra integrar en su cliente las mismas de una forma correcta.

La terapia Gestalt se considera extremadamente familiarizada con las terapias de tipo existencial, por el hecho de que una de sus tesis establece que una persona, debe encontrar de manera inicial su rumbo en la vida con la aceptación de la responsabilidad que este rumbo implica.

Por otro lado, su método es considerado como experimental, debido a que en esta, el cliente realiza un continuo análisis del aquí y ahora, en lo que respecta a su relación con las personas que le rodean.

Aspectos generales

La teoría de Perls y Whertheimer, explican que el proceso de formación de una Gestalt, se vincula directamente con un gran número de necesidades individuales; en los seres humanos. En sí, todas estas necesidades se encuentran en una constante evolución debido a que al ser satisfecha una, el espacio libre dejado por esta es ocupado por otra de manera inmediata.

Al momento de ser satisfechas las diversas necesidades que siente el sujeto durante el transcurso su vida, la satisfacción de las mismas da pie a que se inicie un proceso de perpetuación y organización de las experiencias en función de la jerarquía de las necesidades que se encuentren dentro de la mente del sujeto en un tiempo y época determinados.

La mayor parte de esta teoría también está basada en esquemas visuales, debido a la alta influencia de las teorías auditivo-visuales de la Alemania de las primeras dos décadas del siglo pasado. La teoría gestáltica continuamente hace hincapié sobre la necesidad de volver a considerar la percepción de manera sencilla relacionando esta con lo experimentado inmediatamente. Explicando que los individuos no realizamos un proceso de percepción sobre sensaciones separadas, sino un proceso que es integrado.

Estableciendo como un ejemplo, que al momento de mirar el horizonte compuesto por una hermosa playa con palmeras, el sol de mediodía, olas y gente disfrutando del mar, lo que vemos primera es la imagen en general que al instante nos genera un sentimiento, si tiempo después nos sentamos a considerar cada una de las partes mencionadas, el fenómeno inicial tiende a desaparecer por el hecho de que comenzamos a ver otros esquemas que causan sentimientos y emociones diferentes en la mente, de forma tal que la experiencia inicial ha desaparecido por completo al romperla en cada una de sus partes. Esto nos lleva de nuevo a recordar los dos principios fundamentales señalados en la introducción:

- Todo tipo de percepción es organizada
- El carácter bueno de la organización tiene una relación directa con todas las situaciones estímulo.

Haciendo un análisis del primer postulado, nos damos cuenta que en cada persona existe cierta inclinación por organizar campos visuales en representaciones globales y no percibir las cosas de manera unitaria.

El postulado se basa principalmente en los estudios realizados a múltiples pacientes en lo referente a características de escritura, en especial, círculos, rayas y puntos. Los cuales demostraron que al serles presentados a los pacientes, estos demostraban una tendencia a organizarlos en formas con un sentido y orden especifico.

Los acontecimientos que son estudiados a través de la tesis de la Gestalt tratan con sucesos que se establecen en el plano visual. Así, un campo visual es establecido por las diferencias que se establecen dentro de él, de forma que un campo en blanco nunca será estudiado por la teoría Gestalt porque no hay elementos que formen una estructura organizarle dentro de él, más bien no hay nada. La existencia de cosas es lo que principalmente da un significado al ser estas cosas organizadas por la mente de un individuo.

Durante el desarrollo de la teoría básica de esta terapia, Wertheimer, propuso que la explicación del fenómeno de percepción es en sí misma una hipótesis sobre los campos. Aquí, la percepción puede ser definida como una impresión con sensación proveniente de una imagen material obtenida a partir de nuestros propios sentidos. Muchos psicólogos y psiquiatras alrededor del mundo, dentro de sus propias palabras han manifestado que el concepto de campo es en si el núcleo de la percepción, debido a que sin un plano con diferencias nuestra mente no podría por si misma generar una impresión con un sentir instantáneo.

Es de esperarse que cualquier comportamiento organizado que procese la mente, se lleve a cabo en un campo visual compuesto por fenómenos y situaciones consumadas, que son percibida en el mismo, estando continuos en todo momento y, además, teniendo influencia sobre otros hechos próximos de campos cercanos. Por lo tanto, cuando los fenómenos ocurren dentro del campo visual de nuestro cerebro, nunca se interpretan como una imagen aislada, sino como un impresión generalizada de hechos que se encuentran relacionados directamente con la organización que tengan en el campo.

Retomando el ejemplo de la playa, podremos ver que existen varios hechos consumados, la gente disfrutando, el sol en su máxima intensidad al medio día, el aire viajando sobre el agua causando olas; sin embargo, el sentimiento de bienestar ocasionado por la imagen en general nunca podrá ser producido al analizar de manera independiente cada hecho que nuestro campo visual nos ofrece, porque si los analizáramos, por ejemplo, el calor del sol podría traernos otro sentir debido a los efectos quemantes de la estrella a las 12 del día, tal vez, incomodidad.

Esta característica de conocer algo como un todo constituido por la organización de sus elementos, es lo que Kóhler llamo como ley de la pregnancia.

El mismo Kóhler también estableció otros postulados que complementan de una manera excelente lo descrito anteriormente, sobre todo porque tratan de explicar la fuerza que permite que lo percibido en el campo nos dé una imagen con un solo sentir, estos postulados muchas veces se conocen como leyes de cohesión, leyes de tendencia cohesiva, leyes de la unificación de fuerza, entre otros nombres y, son las siguientes:

- El grado de fuerza que tienen diversos hechos en un campo visual tiene relación directa con el parecido en las características cualitativas de esos procesos. Por ejemplo, si se tiene un círculo dentro de una hoja relleno de muchos puntos color azul de tamaño diminuto, la imagen que se nos vendrá a la mente será un círculo azul, debido a la fuerza cohesiva de los múltiples puntos diminutos de ese color.

- Si el parecido en las propiedades intensivas de los procesos dentro del campo es grande, mayor será la fuerza cohesiva de estos. Esto significa que si la tonalidad de los puntos individuales es del 90% de color celeste en la mayoría de estos, el color que percibiremos será de un circulo color celeste con un sentimiento grato porque en cierto momento nos recordaría al cielo.

- Si las condiciones en el campo visual permiten que la distancia que relaciona diversos procesos dentro del mismo sea menor, este hecho facilitara que la fuerza cohesiva entre estos sea de mayor magnitud.

- Dada la incapacidad de la mente para procesas campos visuales a velocidades grandes, se establece que entre más pequeño sea la diferencia de tiempo que sucede entre procesos parecido, mayor será la magnitud de la fuerza que se relaciona a ellos. Esto nos permite procesar en la mente la falsa ilusión de movimiento, es decir, el caso clásico de esto son las luces de los antiguos teatros y cinemas, que al prenderse y apagarse a velocidades altas en una sucesión bien establecida, semejaban un luz que se movía alrededor del anuncio que avisaba de la función de la semana. Si los factores de velocidad y de incapacidad del sistema nervioso para procesar imágenes a esas velocidades no existieran, el fenómeno simplemente no sucedería y, tampoco el sentimiento de impresión asociado a tal campo.

Los postulados anteriores lograron con el paso del tiempo ser unificados por Wertheimer en un concepto que denominó fenómeno "phi". Siendo la base de lo que hoy conocemos también como el fenómeno estroboscópico, tan utilizado en la actualidad para la producción de animaciones.

El fenómeno "phi" es la comprobación irrefutable entonces de la teoría geltastica, por el hecho de que si se dividen los diversos hechos en sus componentes individuales nunca darían el esquema visual inicial. Lo mismo aplica al análisis de sentimiento en un paciente dado, pues dentro de la terapia Gestalt al separar los sentimientos y emociones para encontrar sus relaciones con un fenómeno en particular no encontraríamos nada, simplemente se tienen que estudiar la disposición total de estos dentro del campo en el que estamos moviéndonos.

Por lo dicho anteriormente, será la fuerza cohesiva entre los hechos percibidos dentro del campo visual lo que nos permitirá percibir la totalidad de lo que se nos presenta, comprobando a la vez el concepto de pregnancia y demostrando a la vez la existencia de la tendencia innata de los humanos a organizar los hechos que ocurren dentro de un campo con un grado extremo de orden, relación perfecta entre distancias, velocidades y tiempo (armonía) de forma que el total tenga un significado único por la organización que le dio la mente.

Todo lo anterior es lo que pasa dentro de un sujeto sano, sin embargo, ¿Qué sucede en pacientes con enfermedades mentales como la depresión, los trastornos alimenticios, las psicosis, las demencias y otras alteraciones patológicas? Para tratar de responder esto, recordaremos que la organización de los hechos dentro de un campo tenían el máximo de armonía cuando las situaciones estimulo proporcionaran todo lo necesario. Sin embargo, las personas con algún trastorno psicológico no tienen condiciones tan ideales y en ellas más bien la organización tiende a no ser muy buena, pero a la vez existe la tendencia que lucha contra la adversidad de forma que la mente trata de reorganizar los esquemas lo mejor que puede bajo las condiciones adversas existentes.

Del concepto de pregnancia se desprendió una nueva teoría que complementaria aún más a las tesis de la terapia Gestalt, esta nueva proposición denominada ley de la buena forma propone que el encéfalo organiza las percepciones en la mejor forma que se puede realizar. De forma que acepta mejor las figuras simples, nítidas, regulares y simétricas, sin presentar conflictos emocionales, pasando lo contrario en casos en los que percibe que estas condicionantes no son cumplidas.

De la ley descrita en el párrafo anterior, posteriormente derivaron dos más denominadas la ley del movimiento y la ley del equilibrio. La primera sugiere que la organización psicológica de una imagen sigue una dirección encaminada a la fabricación de una buena configuración (Gestalt), por su cuenta, la segunda ley establece que la organización tendera a ser estable, es decir, a presentar estados de poca tensión que se caractericen por la simpleza, pudiendo llegar en determinado momento a un estado de sumo grado de armonía en donde la simplicidad en su máxima expresión en todo sus elementos. De forma que las organizaciones dentro de la mente siempre tenderán a moverse a una buena Gestalt.

Siguiendo las teorías de la percepción que son útiles a la teoría Gestalt conviene en este punto comenzar a tocar lo referente a la ley de la figura y el fondo por su relación directa con el procesamiento de correctos Gestalt. Según esta, el proceso de percepción se procesa en forma de fragmentos, esto es, lo que percibimos dentro de un campo que reconocemos como figuras y sus alrededores a las cuales no les prestamos tanta importancia y las denominamos de manera común como fondo, de esta forma, nuestra concentración estará centrada en las figuras por ser esquemas completos simplificados.

La relación de fondo y figura de esta forma constituirá el Gestalt dentro del campo visual. Además, los Gestalt pueden emerger de diversas posiciones, según nuestra concentración se enfoque a ellas, ejemplo de esto han sido las múltiples pinturas de Don Quijote de la Mancha, donde poniendo la atención desde una perspectiva, podemos notar el rostro del hidalgo caballero, mientras que viéndola de otra, lo que vemos es al mismo pero sentado sobre su caballo y acompañado de su fiel escudero. De esto es importante mencionar que la teoría también afirma que las organizaciones, tienen una inclinación por establecer resistencia al proceso de modificación de las mismas. Siendo el ejemplo más clásico de la demostración de este postulado, el ejercicio de la copa de Rubi, donde se comprueba el hecho que mientras no seamos advertidos de ver las cosas de una perspectiva diferente, nuestra mente sólo se concentrara en aquel Gestalt que capte, sea la figura de las personas besándose o el de la copa de vino.

De todo esto, podemos obtener los famosos postulados generales de la teoría, que se describen a continuación:

- Principio de disposición objetiva, que explica por qué tenemos una conducta que tiende a continuar viendo estructuras organizadas de la misma manera después de que desaparece el factor estimulante.

- Principio directivo, que explica por qué poseemos la tendencia a buscar en las formas una continuidad.

- Principio de la expectativa, este principio explica la razón por la cual nuestra mente organiza un campo en base a todas nuestras expectativas.

- Principio del límite común, el cual postula que nuestra mente siempre buscará disminuir las diferencias entre elementos cercanos dentro de una figura.

- Principio de la costumbre, el cual propone una explicación a nuestra inclinación por agrupar elementos conocidos que ya han formado algunas de las experiencias pasadas de nuestra vida, este concepto, está relacionado íntimamente con los prejuicios.

- Principio de la proximidad, fenómeno por el cual la mente humana percibe elementos dentro del espacio y tiempo de forma conjunta.

- Principio de la similitud, razón por la cual elementos similares serán percibidos por la mente como partes de la misma figura, recordemos el caso del círculo pintado con pequeños puntos azules.

- Principio de clasificación causa-efecto, mediante esta programación, la mente humana clasifica elementos tomando en cuenta las relaciones de causalidad – consecuencia.

Los ocho enunciados anteriores fueron producto del trabajo de los primeros pioneros de la Gestalt unificado por Perls cuando tomó en cuenta a la percepción y a la motivación en la teoría fundamental. Así, el cuerpo y la mente pueden ahora tratarse mediante la terapia gestáltica. Otra de las ventajas de esto es que mediante la terapia de Gestalt ahora se puede estudiar a la percepción y la experiencia inmediata a esta.

Formación de las Gestalt

La formación de las Gestalt implica dar por hecho que el campo visual del ser humano no consiste simplemente de lo que nos ofrece la vista primariamente, es decir, los 180 grados de visión, si no que representa el campo en donde nos situamos en todo momento.

Una Gestalt se crea en nuestro campo visual a través de necesidades como son: hambre, búsqueda de calor, búsqueda de frío, necesidad de coito, necesidad de defecar, etc. En determinado momento, independientemente de las acciones que esté realizando un individuo (estudiar, asear la casa, ver televisión), conforme la necesidad se presente, dentro del campo visual se comenzara a crear una figura, constituyéndose la actividad que se realizaba con anterioridad como un fondo de campo y estableciéndose la delimitación de la figura de la necesidad y, una vez que la necesidad se satisface, el proceso de invierte.

Que la figura comience a ganar terreno dentro del campo visual o campo de la percepción es debido a que esta se comienza a asociarse con sentimientos y necesidades. De forma tal que su forma se va haciendo más armónica y delimitada (recordemos cuando nos damos cuenta del quijote en el supuesto molino). Si el proceso de formación de Gestalt tienen un funcionamiento correcto y sin interrupciones, entonces la actividad perceptual termina por desarrollarse de manera discriminativa y el comportamiento motriz de manera lógica, con el fin de dirigirse a la satisfacción de la necesidad. Por otro lado, los asuntos que no se concluyen junto con su carga emocional, además de la conductas relacionada con estas inmediatamente son transformadas en obstáculos para el correcto funcionamiento del individuo, de manera que interfieren en la relación de la persona con el presente, pues estos se llegan a convertir en filtros, por los cuales pasa la experiencia sin generar responsabilidad, de esta manera, el sujeto no encara creativamente las situaciones, sin por el contrario, responde a estas con respuestas estereotipadas pasadas.

El proceso de formación de un Gestalt es de suma importancia para que un sujeto pueda tener una integridad, de esta forma, "un individuo integrado, es un ser humano cuyo proceso de formación de Gestalt es llevado de manera continua y sin agujeros en su paso. Algo de importancia pasa el momento cuando en que una persona no consigue satisfacer necesidades y es que el proceso de formación se interrumpe y como consecuencia se construyen Gestalt a medias o como muchos los llaman "Asuntos Inconclusos".

El daño psicológico desde la teoría

Por ser considerado el hombre dentro de esta teoría como un todo, el comportamiento normal o patológico que pueda tener en cierto momento, tiene relación directa con la capacidad del ser humano para satisfacer sus necesidades sin poner oposición a las exigencias de su ambiente. Cumpliéndose de nuevo el postulado de la buena forma, es decir, construir figuras organizadas lo mejor posible a partir de las condiciones ideales que las condiciones que el medio le ofrece, en este caso el conjunto de exigencias.

Por lo dicho en el párrafo anterior, una enfermedad mental, no se conceptualiza como el cambio de anatomofisiológico, sino que el sujeto entra en un estado mórbido en el momento en el que la sensación presenta produce en su cuerpo desordenes le imposibilitan llevar a cabo de forma correcta sus funciones propias. Así, en el momento en el que una situación de estímulo, de tipo creadora de preocupación hace su aparición, se realiza un desorden a nivel mental que se refleja como síntomas emocionales, en especial asco, miedo, ansiedad, por estar tan relacionados anatómicamente en la amígdala.

La terapia

La terapia Gestalt, principalmente en postulados holístico, de estos, el principal hace referencia a que el hombre conforma una unidad con su ambiente (condiciones sociales, culturales) y por lo tanto, la conducta de esa persona depende del tipo de contacto que este establece en su relación con el medio.

El proceso de satisfacción de las necesidades del individuo (autorregulación organísmica) facilita de manera efectiva el contacto de la persona con sus semejantes, lo cual es un elemento indispensable para el personal del individuo. Sin embargo, para que el contacto se lleve a cabo, el mismo tiene que darse cuenta de sí mismo y de su ambiente, además de la relación que existe entre él y este en el presente, en otras palabra, el aquí y ahora, de esta forma, "el darse cuenta capacita al individuo a poner atención en un determinado momento a lo que siente, todo lo que está haciendo, tomando como dato de conducta, todo lo que en el sujeto sucede (lo que siente, piensas y percibe con sus sentidos); de esta forma, descubrirá como interrumpir su proceso".

En la terapia Gestalt el paciente no pueda manejar planteamientos relacionados con el pasado o el futuro, cualquier experiencia tiene que ser tocada en el presente. Por lo anterior en esta terapia se pone toda atención a los aspectos que entran en el campo de la conciencia del hoy, por lo cual es necesario cancelar todo razonamiento y llevar un papel neutral como observador.

En la terapia, se hace uso de la presencia de las experiencias del pasado, además de lo que se piensa sobre el futuro, de las fantasías mismas, representándolo en una especie de dramatización. Además, es necesario que el terapeuta intente en lo posible que su paciente use defensas y justificaciones, porque actúan como piedras en el camino, que entorpecen el contacto autentico con los demás. Todo lo anterior queda totalmente justificado en la creencia de los psicólogos y psiquiatras inclinados a la teoría Gestáltica de que si el paciente logra darse cuenta de lo que ocurre en sí mismo, de lo que está pasando en su alrededor, aumentaran sus posibilidades para encarar y manejar sus conflictos.

Reflexión final

"Con este manual de ayuda para profesionales de salud mental en las paracticas clínicas he procurado cuidadosamente de relacionar conceptos y aplicaciones técnicas variables-metodológicas para la utilización y fundamentación científica y a su vez mostrar de una forma sistemática la aplicación de conocimientos sobre la salud mental en las prácticas clínicas."

BIBLIOGRAFÍA

Boyd-Webb, N. (1991) *Play therapy with children in crisis: A casebook for practitioners*. New York, NY: Guilford Press.

de Casso, P. & Naranjo, C. (2003) *Gestalt, terapia de autenticidad : de ego a sí mismo: La vida y la obra de Fritz Perls*. Barcelona, Espana: Editorial Kairós.

Johnson, S. L. (2004) *Therapist's guide to clinical intervention: The 1-2-3's of treatment planning*. Boston, MA: Academic Press.

Jongsma, A.E. (2000) *The child psychotherapy progress notes planner*. New York, NY: Wiley.

Schroder, G. (1979) *Terapia conductista en niños y jóvenes*. Barcelona, Espana: Herder.

Verges, L. (2008) *Habilidades para la entrevista psicoterapeutica en la practica clinica*. Santo Domingo, Rep. Dominicana: Editora Búho.

Zayfert, C., Black Becker, C., Delia Garibay Bellono, L., & Viveros, S. (2008) *Terapia cognitivo-conductual para el tratamiento del trastorno por estrés postraumático*. México, D.F.: Manuel Moderno.

www.ingramcontent.com/pod-product-compliance
Lightning Source LLC
LaVergne TN
LVHW010929110826
845149LV00013B/2525

* 9 7 8 0 9 8 4 8 0 0 0 6 3 *